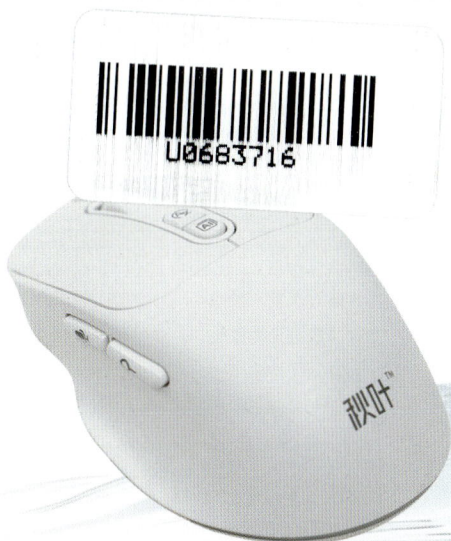

秋叶®

AI文案提示词模板

吸引力
四大万能模板
共鸣吸引力模板
反套路吸睛模板
对比反差感模板
悬念好奇式模板

代入感
三大实用模板
提问式代入模板
五感共情力模板
强渗透模板

信任感
三大转化模板
权威加持吸睛模板
让数据说话模板
效果立现，
赢得用户依赖模板

互动性
三大传播利器
参与感倍增模板
广泛传播引流模板
互动赋能聚睛模板

逻辑速成
七大万能模板
明确定位模板
精准洞察模板
经典4P逻辑模板
递进逻辑模板
并列逻辑模板
严谨论证模板
头尾呼应模板

经典文案
四大万能模板
利益点直观模板
人群精准触达模板
直戳痛点模板
AIDA转化模板

爆款标题
三大万能模板
8款经典标题
一键生成模板
提升文章点击率
热词模板
爆款标题万能指令

欲罢不能开头
四大高效模板
故事导入模板
金句吸睛模板
利益前置模板
直击痛点模板

营造有力好结尾
两大黄金模板
促转化率模板
承诺好处模板

创意金句
两大万能模板
6类经典金句
一键生成模板
经典金句万能指令

朋友圈销售文案
四大万能模板
紧跟热点，把货卖到用户
心坎模板
赢得信任，推动成交模板
促进互动，流量转化模板
量身定做，打造个性模板

小红书种草文案
三大实用模板
爆款笔记万能指令
经典标题万能模板
"种草"笔记万能模板

知乎获取长尾流量
两大通用模板
有效提问，扩大影响力模板
精准回答，吸引流量模板

短视频文案
两大万能模板
视频脚本速成模板
短视频文案速成模板

直播话术
三大万能模板
锁定用户开场话术模板
促进转化的
过品话术模板
引导预约的
结束话术模板

公号长文
五大模板
热门选题速成模板
爆款标题万能模板
清晰大纲万能指令
高级感文案速成模板
高级感文案提升模板

AI

秒懂AI文案

轻松写出好文案

秋叶　宋宋
____编著

人民邮电出版社

北京

图书在版编目（CIP）数据

秒懂 AI 文案：轻松写出好文案 / 秋叶，宋宋编著.
北京：人民邮电出版社，2024. -- ISBN 978-7-115
-64708-5

Ⅰ. H05

中国国家版本馆 CIP 数据核字第 2024PZ5469 号

内 容 提 要

本书是一本AI文案实战手册，汇集了54个AI提示词模板和60余种应用场景，旨在帮助新媒体文案创作和运营人员承接更多的流量红利，轻松驾驭新媒体文案创作。

本书分为5章，第1章提炼出利用AI的四大文案思维，让读者快速掌握新媒体文案创作的精髓。第2章则讲解激发AI创意的思维逻辑，让读者学会创作独具匠心的文案。第3章到第5章系统深入地探讨如何利用AI进行文案的创作、不同平台的文案写作策略，以及如何优化文案，为读者提供一套高效的AI提示词模板。同时，本书还对模板案例进行了深入剖析，帮助读者融会贯通，举一反三，轻松应对各种新媒体文案挑战。

本书适合从事文案写作，尤其是新媒体文案写作的人员和对AI写作工具感兴趣的读者。

◆ 编　著　秋　叶　宋　宋
　　责任编辑　王旭丹
　　责任印制　王　郁　胡　南

◆ 人民邮电出版社出版发行　　北京市丰台区成寿寺路 11 号
　　邮编　100164　电子邮件　315@ptpress.com.cn
　　网址　https://www.ptpress.com.cn
　　北京鑫丰华彩印有限公司印刷

◆ 开本：880×1230　1/32　　　彩插：1
　　印张：7.125　　　　　　　2024 年 7 月第 1 版
　　字数：170 千字　　　　　2025 年 3 月北京第 7 次印刷

定价：49.80 元

读者服务热线：(010) 81055410　印装质量热线：(010) 81055316
反盗版热线：(010) 81055315

前言

2024 年 2 月，OpenAI 发布名为 Sora 的"文本生成视频"工具，继 ChatGPT 后再次震撼世界。

Sora 以一段描述为蓝本，描述内容如下。

一位时尚女士穿着黑色皮夹克、长红裙和黑色靴子，手拿黑色手袋，在东京一条霓虹灯闪烁、带有动感城市标志的街道上自信而随意地行走。她戴着太阳镜，涂着口红。街道潮湿而反光，色彩缤纷的灯光仿佛在地面上创造了镜面效果。许多行人在街上来往。

Sora 不仅将这段描述转化为一镜到底的 60 秒视频，还将每一个细节都呈现得惟妙惟肖。女士脸上的雀斑清晰可见，连墨镜反射的街景也随着她的步伐而变化……这样的技术革命，无疑打破了我们对现实的认知，让人不禁感叹："以前不敢相信这是真的，现在却不敢相信这是假的。"这场技术革命无疑掀起了巨大波澜。

AI 的飞速发展，一方面展现了科技的无限可能，另一方面也引发了人们对未来就业的深深忧虑：当机器能够模拟甚至超越人类的创造力时，我们的立足之地在哪里？当然，目前来看，人类独有的情感、直觉和复杂决策能力是 AI 无法完全拥有的。

然而，我们也必须清醒地认识到，AI 已经开始并逐步在许多具有重复性和模式化的工作岗位中发挥着越来越大的作用，因为 AI 在数据处理、模式识别等方面的卓越表现确实令人惊叹。

但是，这并不意味着我们应该感到恐慌。相反，我们应该看到其中蕴含的机遇。

如果我们能够驾驭 AI，使其成为我们的得力助手，那么我们的工作效率将得到提升，犹如猛虎添翼。

一、AI 赋能：释放文案创意，写作效率飞升

以文案写作为例，AI 以其高效的数据整理及灵感激发能力，显著简化了文案创作者的信息处理流程，并为其解决了灵感不足的难题。

设想一下，在撰写某一文案时，我们不再需要耗时于海量资料的搜寻与筛选，也无须为灵感枯竭而苦恼。只需清晰阐述需求，AI 便能迅速响应，提供丰富的素材与灵感。这使得我们能够将更多精力投入文案的深层构思与创意发挥，创作出更卓越、有深度的作品。

然而，与 AI 高效合作并非易事，许多人觉得其难以触及，这实则源于尚未熟练掌握与 AI 协作的有效方式。秋叶团队也是在经过无数次的尝试、打磨和挖掘出精准提示词之后，才真正掌握了与 AI 高效协作的方法。

举列如下：

我们计划为《秒懂 AI 文案：轻松写出好文案》这本书构思一篇推广文案，并期望拟出一个有吸引力的标题，以引发广大读者的浓厚兴趣。对于

人类创作者而言，这往往需要至少 30 分钟的深思熟虑，甚至长达几天的酝酿。

尝试向 AI 提问：

请帮我写 3 个关于《秒懂 AI 文案：轻松写出好文案》的推广文案的标题。

AI 的参考答案：

1. 智能写作新纪元：《秒懂 AI 文案：轻松写出好文案》带你领略文案创作的未来！

2. 文案进阶神器：掌握《秒懂 AI 文案：轻松写出好文案》，让每个字都充满魅力。

3. 从初学者到行业专家：《秒懂 AI 文案：轻松写出好文案》是你不可或缺的文案助手。

以上标题不错，但似乎缺了点什么。

我们把需求代入本书设计的提示词模板，直接提问 AI，来看其仅花 2 秒提供的答案。

1. 想知道 AI 如何助力文案秒变爆款？《秒懂 AI 文案：轻松写出好文案》告诉你！

2. ChatGPT 都点赞的《秒懂 AI 文案：轻松写出好文案》，你还等什么？跟上 AI 文案潮流！

3.《秒懂 AI 文案：轻松写出好文案》曝光：100 多个实战案例，30 天提升 50% 文案效果的实战技巧公开！

4. 文案"小白"到"大神"，只差一本《秒懂 AI 文案：轻松写出好文案》！你敢挑战吗？

5.《秒懂 AI 文案：轻松写出好文案》：10 分钟学会，文案效果翻 5 倍！

6. AI 文案 VS. 人工文案，《秒懂 AI 文案：轻松写出好文案》让你见证文案革命的力量！

你是否被震撼？不过数秒，AI 便能呈现如此水准的答案，其创意与效率无疑令我们佩服。

曾经，文案创作需要耗费数小时甚至数日；如今，只需在 AI 工具中输入提示词，它便能在短短数秒内生成文案。

更令人赞叹的是，AI 工具仿佛是一个百事通，在提示词要求下，它知无不言、言无不尽，尽心尽力地提供无微不至的优质服务。

当然，有些读者会疑惑："提示词对 AI 创作如此重要，那我不会问怎么办？"这正是我们撰写这本书的初衷——为你解锁提示词模板，助你轻松驾驭 AI 写作。

二、一书在手，助你轻松成为文案高手

本书为读者精心打造了三大独特亮点。

（1）54 种实用高效的提示词模板：这些模板简洁明了，只需复制粘贴到 AI 工具中，便能迅速生成适用于 60 种以上实际应用场景的优质文案。无论是文案新手还是资深从业者，都能迅速上手，实现文案水平的飞跃。

（2）融会贯通的文案实战技巧：本书不仅提供拿来即用的提示词模板，更致力于让读者理解模板背后的逻辑原理与文案精髓。读者不但知其然，更知其所以然，便于举一反三，结合自身需求设计出更为精准的提示词，还能同时掌握撰写经典文案的技巧。

（3）匠心独运的框架设计：本书从"思维启发"到"结构搭建"再到"创意金句"，层层深入，循序渐进，目的在于先"投喂思维"，让 AI

领悟优质文案的标准，再逐步引导其遵循标准进行创作，助力读者用高效的方式将其训练成契合需求的文案创作助手。

本书是文案创作者、市场营销人员、社交媒体与内容运营者、企业主、创业者、教育者与学生的实用指南，也是 AI 爱好者的 AI 应用宝典。

无论你是文案新手或老手，书中的模板与策略均能助你提升效率。市场营销人员可利用 AI 生成具有说服力的文案，社交媒体与内容运营者将利用 AI 高效产出受欢迎的内容。企业主和创业者可了解 AI 在文案中的应用，节省成本并提升市场竞争力。教育者与学生可将本书作为掌握新行业技术的教材。AI 爱好者可通过案例深入了解 AI 应用场景。

总之，只要对文案和 AI 感兴趣，本书都是你不错的选择，能够助你提高文案创作能力。

最后，和大家分享一个秘密。

这篇前言其实是我们运用本书所介绍的方法，指导 AI 进行创作的成果。

这是否让你意外？你是否惊叹于 AI 的写作实力？

其实，只要掌握了提示词技巧，每个人都可以轻松驾驭 AI，在文案创作中大放异彩。

本书所提供的 AI 提示词模板已在 ChatGPT、文心一言、讯飞星火等多家主流 AI 平台中进行了广泛测试，并生成了高质量文本。这些模板经过精心设计和优化，旨在为文案创作者提供最佳的支持和引导，助力文案创作者的文案创作水平更上一层楼。

阅读完本书，你也能一键激发 AI 的无限潜能，轻松应对各种场景中的文案挑战，成为文案界的佼佼者。让我们怀揣梦想，迎接 AI 的到来，拥抱它，驾驭它，共同在这个充满无限可能的 AI 时代展翅高飞吧！

目录

第 1 章

训练 AI "四大文案思维"，打造吸睛文案

如何跳出陈规，写出新意，引起用户共鸣？

可以先从本章提到的 AI "四大文案思维"开始，以精准的提示词模板，有意识地训练 AI 写作工具。

1.1 吸引力：AI 赋能，打造文案磁场

好文案的核心在于有"吸引力"——吸引用户看下去，是文案能传播得更广，以及后续商业转化的关键。

1.1.1 与用户有关，AI 助力共鸣

每个人的时间和精力都很有限，这就决定了用户更愿意关心和自己有关的事。与"自己"有关，就得让用户在阅读文案的过程中，深刻体验到文案和自己的联系，不管是提供情绪价值，还是实用价值。

在《全球一流文案：32 位全球顶尖广告人的创意之道》里，苹果公司的"御用"文案人员——史蒂夫·海登这样写道：

"如果你想成为收入优厚的文案，取悦客户。

如果你想成为很会得奖的文案，取悦自己。

如果你想成为伟大的文案，取悦读者……"

使用"你"等人称代词，可以在第一时间吸引用户，但更吸引用户的，其实是"你"之后让用户产生共鸣的场景。

海登用连续 3 个"如果"，让读者立刻代入自己："对啊，我的痛点就是无法多赚钱、多得奖、多得到肯定。我很想实现这些目标，我该怎么做呢？"自然，文案就有了吸引力。

我们归纳出吸引用户的文案的 2 点与"我"有关的技巧。

（1）用"你""我""他"等人称代词，第一时间拉近读者和文案的距离。

（2）用痛点场景激发读者解决自身问题的兴趣，引起用户共鸣。

运用这 3 点技巧，并提炼出 AI 提示词模板，代入具体案例，即可

高效撰写出文案。

【共鸣吸引力模板】

　　假设你是一名文案高手（给 AI 的定位），需要帮助 ×× 品牌（身份）推广 ××（需求），用户是 ××（目标用户）。

　　1. 第一句请描述用户的痛点是 ×××。

　　2. 请加入"你""我""他"等人称代词。

　　3. 撰写 3 则引起用户共鸣的推广文案。

　　4. 文字精准，每则文案在 ×× 字左右。

举例：某作家出了一本写作书，需要写推广文案。

代入模板，直接向 AI 提问：

假设你是一名文案高手，需要帮助一名作家推广新出的写作书，用户是想学写作的读者。

1. 第一句请描述用户的痛点场景——写作就头疼。

2. 请加入"你""我""他"等人称代词，让用户有代入感。

3. 撰写 3 则引起用户共鸣的推广文案。

4. 文字精准，每则文案控制在 30 字左右。

AI 的参考答案：

> 1. 你是否一写作就头疼？别担心，这本书将带你走出困境，成为写作高手！
>
> 2. 写作原来可以如此简单！这本书将帮助你、我、他，轻松掌握写作技巧。
>
> 3. 还在为写作烦恼吗？这本书将解决你面临的写作难题，让你的文字更生动有力！

应该说 AI 的 3 则文案把与用户有关的痛点、解决方法都呈现出来了，和用户有关，也很容易吸引用户。在这样大方向正确的前提下，我们可以选择 3 则文案中最满意的一句，不断提问，优化文案。

有人会觉得，这样的文案似乎有点单调，能否让 AI 更智能呢？

1.1.2 摆脱套路束缚，AI 言简意赅

有时候套路虽然能赢得一些流量，但套路见多了，用户难免会产生审美疲劳。这时候，出其不意来点"反套路"，用户反而容易被吸引，从而接纳文案。

要想让 AI 变得更智能，就需要让 AI 学习更多好文案的写作结构。

看看下面百度 App 的系列投放广告文案之一：

别问

七夕送什么礼物合适

礼物可以有"必选清单"

但感情的问题没有标准答案

在大众的常规理解里，七夕节都习惯问一句送什么礼物合适。但这则文案反其道而行之，一句"别问"，反而激起大家的好奇心，想看看必选清单。

这种反套路文案的写作技巧如下。

（1）销售类文案放弃修饰类形容词，言简意赅地表达优惠信息。

（2）用简洁的语言，直接说出心里话。

（3）正话反说，将观点反着写，突破用户现有认知。

知道"反套路"能让文案更有吸引力后，我们可以把这 3 点技巧调整成 AI 提示词模板，将模板代入具体案例，即可高效撰写出想要的文案。

【反套路吸睛模板】

如果你是营销文案高手（给 AI 的定位），需要为 ××（品牌）推销 ××（活动），请按反套路写作结构，撰写营销文案，吸引更多用户参加活动。

1. 要求开门见山，直接表达出价格优惠。

2. 要求有反套路感，将观点反着写，突破用户现有认知。

3. 每则文案在 ×× 字以内，文字精准。

举例：格力品牌在国庆节，推广"十一"家电黄金周活动，全场 5 折。

代入模板，直接向 AI 提问：

> 如果你是营销文案高手，需要为格力品牌推广"十一"家电黄金周活动，请按反套路写作结构，撰写营销文案，吸引更多用户参加活动。
>
> 1. 要求开门见山，直接表达出价格优惠：全场 5 折。
> 2. 要求有反套路感，将观点反着写，突破用户现有认知。
> 3. 每则文案在 30 字以内，文字精准。

AI 的参考答案：

> 1. 别家涨价我降价，格力家电黄金周，全场惊喜 5 折起！
> 2. 高品质低价格，不是梦！格力家电，黄金周让你轻松实现！
> 3. 不是所有好家电都打折，但格力可以！5 折优惠，等你来购！

AI 提供的 3 则促销文案，把吸引用户的核心要点全部表达出来了，尤其是第一则的"别家涨价我降价"的对比写法，令人感到惊喜。

反套路直接简单地让用户一眼就看到其能在此次促销中得到"5 折"的优惠，用户就和文案产生了联系，宣传目的就达到了。

当然，我们还可以结合实际情况继续优化。

1.1.3　制造对比，AI 助你征服用户

向 AI 提问：

"5 折狂欢，格力品质不变。'十一'家电黄金周，打破你对价格的固有观念"这句文案不错，但我觉得太长了，也有点拗口，请 AI 优化成 30 字以内的简短句子。

AI 的参考答案：

5 折狂欢，品质如初。"十一"家电周，颠覆你的"价格观"。

我们会发现，提问越常规，AI 给的参考答案就越普通，事实上，优化文案也可以通过提示词模板来实现，尤其是这类涉及价格、促销的文案。强烈推荐大家试试"制造对比"模板，让 AI 撰写出有吸引力的文案。

"制造对比"是指在文案里，通过两种甚至更多元素的对比，制造反差感，进一步突出卖点或情感，让用户产生"不得不服"的好感，从而被文案吸引。

《影响力》中提到："人类认知原理里有一条对比原理，如果两件东西很不一样，我们往往会认为它们之间的差异比实际的更大。"简言之，有对比才有与众不同，自然更有吸引力。

OPPO 手机有一则耳熟能详的广告文案，运用的就是"制造对比"技巧：

充电 5 分钟

通话 2 小时

这个文案营造了"5 分钟"与"2 小时"的强烈对比感，既戳中了

用户"出门最怕手机没电"的痛点，又让用户形象化地感受到 OPPO 手机充电之高效，广告自然深入人心。

这类"制造对比"文案的写作技巧如下。

（1）结构相同的句子，意思相反的词语，让文案更有张力。

（2）用户"痛点"与"超预期的结果"比较，通过强烈的反差感，直接表达产品利益点。

根据这 2 个技巧，我们优化了 AI 提示词模板。

【对比反差感模板】

你是非常擅长写"制造对比"文案的高手（给 AI 的定位），需要为 ××（产品）写作推广文案。

1. 要求写作"结构相同，前后意思相反"的对仗句。

2. 要求上半句表达 ××（用户痛点）。

3. 要求下半句表达 ××（超预期的结果）。

4. 要求文案在 ×× 字以内，让用户眼前一亮。

我们把案例代入模板，再向 AI 提问：

你是非常擅长写"制造对比"文案的高手，需要把"5 折狂欢，格力品质不变。"十一"家电黄金周，打破你对价格的固有观念"这句文案，润色成"制造对比"文案。

1. 要求写作"结构相同，前后意思相反"的对仗句。
2. 要求上半句表达出"好家电都很贵，用户不舍得买"的痛点。
3. 要求下半句表达出"5 折买到超预期的好品质产品"。
4. 要求撰写 3 则 30 字以内的文案，让用户眼前一亮。

AI 的参考答案：

文案一：
贵价家电，品质虽好难下手；
5 折格力，优质不贵受欢迎。

文案二：
心头好，价太高，犹豫再三难决定；
品质优，折上折，格力实惠不犹豫。

文案三：
好货不便宜，想买常犹豫；
格力 5 折价，品质超预期。

以上 3 则文案，既是字数和结构对等的金句，点出了用户对高价家电的犹豫心理，又较好地呈现了格力 5 折优惠的吸引力。这就是"制造对比"类文案的亮眼之处。

值得注意的是，虽然 AI 文案能带来惊喜，但文案创作者需要不断提高能力，找到不同事物、不同观点、不同情绪、不同价格、不同产品的反差，最大限度地凸显出产品的卖点，更好地提出问题，持续不断地优化文案。

1.1.4 激发好奇，AI 引爆"种草"

其实，让文案有吸引力，还有一个适用于所有领域的万能模板，尤其适合提问 AI，那就是"为什么"模板——通过好奇询问，在文案中"下钩子"，牵引用户情不自禁去一探究竟。这种让用户主动寻找答案的过程，更容易潜移默化地给用户"种草"。

前奥美金牌广告人关健明在《爆款文案》里说："写文案需要用孩子般的好奇心体验产品，用充满激情的文案感染顾客。"

通过"激发好奇心"让文案具备吸引力的写作技巧如下。

（1）为什么 + 用户的痛点 = 勾起用户好奇心。

（2）故事 / 观点说一半，用省略号留悬念。

（3）用一些"震惊""神奇"等感叹词，表现出惊奇感。

下面直接把这些技巧调整成提示词模板。

【悬念好奇式模板】

你是营销文案写作高手（给 AI 的定位），需要为 ×× （品牌活动）打造 × 则激发用户好奇心的"种草"文案。

1. 要求问"为什么"引出用户的痛点：×××××。

2. 要求故事 / 观点说一半，用省略号留悬念。

3. 要求用一些 "震惊" 等感叹词，表现出惊奇感。

4. 要求文案在 ×× 字左右，让用户眼前一亮。

举例：某销售沟通力训练营需要撰写 "向成功人士学沟通技巧" 的营销文案。

代入模板，直接向 AI 提问：

你是一名营销文案写作高手，计划写 "向成功人士学沟通技巧" 的文案，请帮我打造 3 则激发用户好奇心的 "种草" 文案。

1. 要求问 "为什么" 引出用户痛点：为什么成功人士轻易成功而我如此艰难？

2. 要求故事 / 观点说一半，用省略号留悬念。

3. 要求用一些 "震惊" 等感叹词，表现出惊奇感。

4. 要求文案在 30 字左右，让用户眼前一亮。

AI 的参考答案：

1. 成功人士背后的沟通技巧竟如此简单！一句话便能改变整个局势，你还不知道吗？

2. 震惊！那些你忽略的沟通细节，竟是成功人士轻易取胜的关键！

3. 他说了一句话，全场震撼……成功人士的沟通秘诀，你真的要错过吗？

可以说，AI 提供的这 3 则文案水准都很高。

首先，每则文案都提出了一个痛点，与用户产生共鸣，"震惊"这类表达惊奇和意外情绪的感叹词，又再次加强了文案的吸引力。

其次，每则文案既突出了"沟通"与"成功"的关联，又暗示了"沟通技巧"是成功人士成功的秘诀之一，大大增加了文案的可信度和吸引力。

最后，文案还设置了一些"潜在的利益承诺"，暗示沟通技巧简单易学且效果显著，这是吸引用户关注、促进转化的关键因素。

当然，我们可以根据具体情境进行细致的分析，明确我们的目的，并以此为指导，进一步向 AI 提出优化文案的请求。

同时，我们也可以灵活地将本节中提到的关于"吸引力"的 4 种提示词模板相结合，得到最符合我们期望的文案。综合运用模板，我们能够更精准地引导 AI，实现文案的持续优化。

1.2 代入感：让 AI 能写出具有代入感的好文案

有代入感的文案，最能打动人心。

用户不由自主地进入文案营造的情境，发自内心地跟随文案的节奏，自然也就沉浸在了文案营造的情绪中，对产品利益点产生深刻的认同。

当我们熟练掌握提示词模板后，就能使用 AI 撰写出有代入感的好文案。

1.2.1　提问引导，助力用户共鸣思考

推广一款宝宝辅食 App，请 AI 协助写一则推广文案，结果 AI 提供的文案犹如鸡汤文。

宝贝的营养启蒙，从"味"开始。

在宝宝的成长旅途中，每吃一口食物都是探索世界的一小步。我们深知，为宝宝选择第一口辅食，对每位父母而言，不仅是一次新尝试，更是一份沉甸甸的责任。

×× 宝宝辅食 App，它不仅懂得辅食的重要性，更懂得父母的需求——"宝宝营养师"，一个专为年轻父母打造的宝宝辅食指南。

这则文案虽然不错，但透露着一股"和我没什么关系"的疏离感。其实，文案之所以给人感觉冷冰冰的，是因为缺乏代入感，一旦用户觉得"和我没关系"，那么，再美的文案也没有意义。

想让文案有代入感，简单、可实操的方式是——先提问，再回答。

《秒赞》一书中提到："一个问题等于发出一次邀请，请对方参与进来。问题能加强对话感，为你打开沟通之门。问题能让对方感觉事情与他相关，具有针对性。问题也可以把受众引到你想要的答案里。提问可以引发迫切的好奇心，并且吸引眼球。"

这个提问的核心，在于提问时需要问到用户痛处，然后在一问一答间，让用户顺着提问者的问题和思路，思考文案，最终认同品牌，购买产品。

想要问出让用户有代入感的好问题，可从以下 3 种提问逻辑思考。

（1）思考文案要呈现哪些产品卖点，依据卖点提出问题。

（2）思考文案指向的精准用户，有针对性地提出细节问题。例如，想把目标用户定为女性，最好再想一步：用户是哪个年龄段的女性？该年龄段的女性有什么特征、其购买力如何……

（3）把解决用户问题的方法巧妙放进答案。

我们把这些提问逻辑，优化成 AI 提示词模板。

【提问式代入模板】

你是一名营销文案高手（给 AI 的定位），需要为 ××（品牌）推销 ××（活动），请按"问题 + 解决方案"写作结构，撰写 ×× 则营销文案。

1. 要求用"提问 + 解答"的方式，让文案具备代入感。

2. 要求前半部分的"提问"能明确用户及痛点。

3. 要求后半部分的"解答"能巧妙融入产品卖点。

举例：我们把该款宝宝辅食 App 的推广需求描述清楚：该 App 的目标用户是发愁怎么做辅食的新手妈妈，该 App 的推广点在于帮助新手妈妈轻松高效地给宝宝做营养辅食。

代入模板，直接向 AI 提问：

你是一名营销文案高手，需要推广一款宝宝辅食 App，请按"问题 + 解决方案"的写作结构，帮我撰写 3 则优质推广文案。

1. 要求用"提问 + 解答"的方式，让文案具备代入感。

2. 要求前半部分用提问的方式，精准体现"新手妈妈做辅食费时费力"的痛点。

3. 要求后半部分用解答的方式，呈现出 App"助力新手妈妈轻松高效做辅食"的推广点。

4. 文案在 30 字以内，文字精准。

AI 的参考答案：

1. 担心宝宝辅食营养不够全面？用宝宝辅食 App，专业配方，营养满分！

2. 每日为宝宝辅食发愁？用宝宝辅食 App，让辅食制作变得简单！

3. 新手妈妈做辅食总费时费力？用宝宝辅食 App，轻松高效不重样！

显然，比起前面的鸡汤文案，AI 根据"问题 + 解决方案"写作结构撰写的文案，目标用户更加清晰，能让用户非常有代入感，且在帮助解决用户痛点的基础上，有效传达出产品优势，激发目标用户的兴趣和好奇心。

在精准的提示词模板下，AI 创作的文案更加符合我们的目标预期。

1.2.2 五感写作，提醒用户感同身受

五感写作法也能第一时间让用户和文案产生联系，激发用户的共鸣。

《故事思维》就表达过这样的观点：讲故事的目的，是让对方看到、摸到、闻到、尝到故事，这样才能让他们全方面地调动感官，全身心地体会故事。

所谓"五感"，是指看、听、闻、尝、触，分别对应人的视觉、听觉、嗅觉、味觉、触觉。五感写作法就是指调动我们身体和心灵的各种感受，让用户跟着文案描述产生感同身受的感觉，从而产生代入感。五感写作法也适合调整成 AI 提示词模板。

【五感共情力模板】

你非常擅长写文案（给 AI 的定位），请用五感写作法为 ×× 品牌的 ××（活动）有代入感的文案。

1. 要求有视觉、听觉、嗅觉、味觉、触觉五感的细节描述。
2. 要求让用户感受到 ×× 产品的特点，产生代入感。
3. 结尾安排引导句，激发用户的购买欲。

举例：某文案创作者写了一则海报文案，希望 AI 工具能用五感写作法，将文案优化得更有代入感，激发用户购买欲。

代入模板，直接向 AI 提问：

你非常擅长写文案，需要为 ×× 品牌撰写一则"中秋蟹礼"

文案，请用五感写作法，通过视觉、听觉、嗅觉、味觉、触觉五感的细节描述，润色下面这则文案，让用户感受到蟹的美味，产生代入感，激发用户的购买欲，文案在 200 字以内。

中秋蟹礼

大闸蟹，当然选 ×× 品牌

×× 品牌大闸蟹，全国 70 多个直营店

咨询热线：× × × × ×

AI 的参考答案：

中秋蟹礼，传递家的味道。

打开礼盒，耳边仿佛响起江河潺潺流水声，那是蟹儿自由的乐章。

鼻子轻嗅，让你仿佛置身于阳澄湖畔，感受那自然的清新和宁静。

舌尖触碰，鲜美蟹肉与丰盈蟹黄交织，每一口都是满足，让人不禁闭上眼睛，细细品味。

身体在这美味中放松，心灵也被家的温暖填满。

×× 品牌大闸蟹，用心之选，全国 70 多个直营店，品质有保证。

这个中秋，让美味与家同在，拨打热线 × × × × ×，即可享受中秋特别优惠。

通过对比，我们可以发现，原来的文案只强调了品牌的形象，而 AI 提供的五感文案，让场景画面生动地展现在用户面前，用户仿佛能亲身

品尝到蟹肉的美味，再通过"家的温暖""美味与家同在"等词语，激发用户的情感共鸣，使品牌与用户之间建立深厚的情感联系。

更值得一提的是，文案以"拨打热线 ×××××，即可享受中秋特别优惠"作为结尾，直接引导用户采取行动，提高了文案的转化率和实用性。

1.2.3 理念渗透，轻松赢得用户青睐

怕上火，喝王老吉

今年过年不收礼，收礼只收脑白金

这两则广告，大家是不是特别熟悉？甚至一吃火锅就必点去火的王老吉？逢年过节给长辈送礼，脑海中先涌出"脑白金"的广告？这类就属于典型的通过理念渗透获得用户青睐的广告。

简单来说，用户看到某种场景，遇到某类问题，会不由自主地想到某个品牌或某款产品。这就是广告对用户的理念渗透。理念渗透可以通过以下方法来实现。

（1）思考产品的功能，并抢占市场独有标签，让用户印象深刻。

（2）思考和产品有关的各类场景，在用户心里建立起场景和特定产品的关联。

（3）设计简单好记、便于传播的广告词，潜移默化地影响用户认知。

相对来说，对于这类广告，文案创作者通过固定的模板创作精妙文案的效果一般不够理想。因为，文案创作者首先需要非常熟悉产品卖点，并能想出抢占市场的独有标签，营造出和产品有关的核心场景；其次，还需要有足够的文案积累，才能激发创意灵感。

不过，我们可以充分利用 AI 的优势，让 AI 倒逼我们思考产品的独有

标签，并助力我们思考文案创意。我们把"理念渗透"技巧归纳成提示词模板。

【强渗透模板】

你是一名文案创作高手（给 AI 的定位），计划为 ×× 品牌创作 ×× 条"获得用户青睐"的广告语。

1. ×× 产品在市场上的独有标签是 ×××。

2. 一遇到 ×× 场景，用户第一时间就能想到 ×× 产品。

3. 广告语在 ×× 字以内，有韵律又好记。

举例：×× 辣酱品牌在市场上的独有标签是"妈妈的味道"，希望借助外卖渠道打开市场，让大家养成习惯，一点外卖就想到顺便买一包 ×× 辣酱。我们用 AI 工具创作了以下 10 条广告语。

代入模板，直接向 AI 提问：

你是一名创意高手，计划为 ×× 辣酱，创作 10 条"获得用户青睐"的广告语。

1. ×× 辣酱在市场上的独有标签是"妈妈的味道"。

2. 让用户一点外卖，第一时间就想买一包 ×× 辣酱。

3. 广告语在 30 字左右，有韵律又好记。

AI 的参考答案：

1. 点外卖别忘它，×× 辣酱，妈妈味道带回家！

2. ×× 辣酱在手，外卖秒变妈妈的手艺！

3. 想念妈妈菜？外卖加点 ××，味道秒回来！

4. ×× 辣酱一抹，外卖有家味，妈妈的手艺不外传。

5. 外卖再香，也缺那味；×× 辣酱，妈妈手艺随身配。

6. 想家了吗？点外卖加 ××，妈妈味道，辣中带甜。

7. ×× 辣酱在手，外卖也能有家的温馨，妈妈的味，暖心又暖胃。

8. 外卖点来点去，还是缺一味；×× 辣酱，妈妈的味道永相随。

9. 一包 ×× 辣酱，外卖秒变家常菜，妈妈的手艺，随时品尝。

10. 点外卖不将就，加上 ×× 辣酱，妈妈的味道天天有。

AI 短短数秒便能迅速提供 10 条如此有水准的广告语，这种效率确实令人惊喜。这些广告语巧妙地突出了 ×× 辣酱作为外卖伴侣的独特卖点和情感价值，展现了其作为调味品的独特魅力，同时也能大大促发文案创作者的思考和创意。

众所周知，一则精心策划的文案往往能为产品带来极大的知名度和影响力，有时甚至能使其"一举成名"。然而，文案的作用并不仅仅是增添产品的光彩，它更多的是在打造产品卖点的基础上，通过深入人心的文字，将产品的核心价值和特点传达给用户。

从这个角度来看，AI 无疑成为文案创作者得力的助手。它能够快速地挖掘和提炼出产品的精准定位和卖点，帮助文案创作者更高效地创作出有深度、有感染力的文案。AI 的介入不仅提升了文案创作的效率，还使得文案更加贴近消费者的需求和心理，为市场推广和品牌塑造提供了有力的支持。

1.3 信任感：训练 AI 人性化表达，有信任才有转化

广告业名人大卫·奥格威说："消费者不是智力低下的人，她们是你的妻女。若是你以为一句简单的口号和几个枯燥的形容词能够诱使她们买你的东西，那你就太低估她们的智商了。她们需要你给她们提供全部信息。"

换句话说，用户信任你，才有机会转化。

令人惊喜的是，AI 提示词模板可以让 AI 借助固定的写作技巧实现用户对产品的信任。

1.3.1 AI 路径加持，权威背书更胜一筹

有时候，文案写得天花乱坠，用户即便非常喜欢产品，最终还是会选择不购买，究其根本，是因为用户还没有对产品产生足够的信任感。

自夸百遍产品好，不如权威背书。

这和从众心理有关，从众心理的核心是"社会认同"，大家都说好，尤其是专业权威的人或机构说好，用户就接纳得非常快。出于从众心理，用户会认为："连 ×× 这样的名人都说好，这款产品肯定好。"

举个例子，有两款美容产品，成本、价格、成效都很类似，但其中

一款产品经过了专业机构的检测，并拿到了有效的检测报告，另一款则没有任何背书，毋庸置疑，你肯定不会购买没有背书的那款产品。

权威背书一般有以下几种形式。

（1）权威机构、专业机构的权威检测报告。

（2）名人、专业平台等的支持和宣传。

（3）历史、经典书籍等证明品牌"有史可循，有据可依"。

值得注意的是，根据品牌和产品的实际情况，以上三类权威背书可择其一，也可以三种都有，在文案撰写中，我们只需要思考如何把这些背书更有力地体现出来。

当然，也可以通过下面的提示词模板进行内容填充。

【权威加持吸睛模板】

你是一名文案高手（给 AI 的定位），计划为 ×× 产品撰写 ×× 则突出权威背书的广告文案。

1. 第一段通过解决用户 ×× 痛点，来展现 ×× 产品的卖点。

2. 第二段通过展示权威检测报告/名人代言/历史经典故事等，突出产品的权威背书。

3. 要求文案控制在 ×× 字以内，并通过金句呈现。

举例：×× 品牌淡斑小白瓶的核心卖点是根源淡斑，该产品的两大专利配方是由全球 ×× 五大研发中心研发的，拥有很强大的背书，请为该品牌撰写文案。

代入模板，直接向 AI 提问：

你是一名文案高手，计划为 ×× 品牌的淡斑小白瓶写一则广告文案。

1. 第一段通过解决中年女性的长斑困扰，展现小白瓶的"根源淡斑不反弹"卖点。

2. 第二段展示淡斑小白瓶的强大背书"两大专利配方由全球 ×× 五大研发中心研发"。

3. 要求文案控制在 100 字以内，并通过金句呈现。

AI 的参考答案：

面对斑点，不再遮掩。

根源淡化斑点，效果持久不反弹，让你重拾肌肤之美。

两大专利配方，全球 ×× 五大研发中心研发，科技与自然的结合。

选择 ×× 品牌，选择美丽与自信。

借助 AI 的强化，权威背书能够显著地帮助品牌树信誉，提升形象，并推动实现最终的转化。值得强调的是，权威背书更适合于那些大型企业，而且这种背书必须根植于真实可信的权威。

1.3.2 数据言简意赅，事实胜于雄辩

除了权威背书，精准数字也能增强用户的信任感。

我们来欣赏一则著名广告，如下所示：

香飘飘

一年卖出 12 亿杯

能绕地球 4 圈

12 亿杯香飘飘奶茶，这个看似简单的销售数据，却给了用户直接但强有力的冲击："这个奶茶一定很好喝。"

这效果，比用华丽的辞藻描述产品 100 遍还要好。

还有非常经典的数字文案——乔布斯发布的第一代 iPod 的广告词：

把 1000 首歌

装进口袋里

用"1000 首歌"代替"GB"这种较为抽象的说法来表示储存空间，再用"口袋"体现出产品便携的特点，实在是精妙绝伦。

想让数字帮助文案发挥出巨大潜能，一定要满足这两个逻辑：

（1）用数字代替形容词来表达产品卖点，让文案更真实可信；

（2）用销售数据凸显产品优势，利用从众心理带动用户消费。

我们尝试着把这两个逻辑放入提示词模板，增强用户的信任感。

【让数据说话模板】

你是一名文案高手（给 AI 的定位），请为我撰写 ×× 则用"数

字"呈现对比效果的文案。

　　1. 要求用 ××（数据）代替形容词，直接表达产品卖点：
×××。

　　2. 要求用 ××（有结果的数据），直接凸显产品优势：×××。

　　3. 要求文字营造出"对比感"，直接给用户带来情感冲击。

　　4. 每则文案不超过 ×× 字，用词精准。

　　举例：某个人品牌训练营的运营者计划撰写宣传文案，题目为"为
什么有个人品牌的人更容易成功？"，希望借助 AI 通过数据来凸显个人
品牌的重要性，把题目润色得更吸引人。

　　代入模板，直接向 AI 提问：

　　你是一名文案高手，请为我润色题目"为什么有个人品牌的人
更容易成功？"。

　　1. 用"收入多 10 倍"代替"更容易成功"。

　　2. 用"多赚 10 倍"的结果来凸显"有个人品牌的人比无个人
品牌的优势"。

　　3. 要求文字营造出"对比感"，直接给用户带来情感冲击。

　　4. 写 3 个题目，每个题目不超过 30 个字。

AI 的参考答案：

> 1. 打造个人品牌，让你的收入多 10 倍！揭秘品牌力量背后的财富密码。
>
> 2. 无品牌与有品牌：收入差距高达 10 倍！个人品牌，你成功的利器。
>
> 3. 惊！个人品牌竟能让收入多 10 倍！揭秘品牌效应如何助力财富增长。

显然，在经过 AI 润色，并用数字量化了个人品牌后，这 3 个标题的变化相当直观。AI 巧妙地运用了"10"这一具体数字，不仅增强了标题的易记性和直观性，还使得标题在对比效果上远超"更容易成功"这一模糊的描述。

这种精准的量化表达方式，使得标题更具吸引力、说服力，无疑能够激发用户强烈的阅读欲望。AI 在标题润色方面的能力，确实值得肯定和赞赏。

1.3.3 效果摆在眼前，赢得用户信赖

2 天赚 800 元，10 天累计变现 10000 元！做小红书太好了！

看到这句文案，你心动吗？

毋庸置疑，如此"短时间，高收益"的对比效果，能够激发用户的好奇心和兴趣。显然，作为秋叶小红书训练营的推广文案，这则文案是很成功的。

事实上，这句文案是 AI 撰写出来的，使用的提示词如下所示。

你是一名年收入超百万元的小红书运营高手，计划用"用户反馈"的写作方式撰写 ×× 小红书训练营文案。

1. 要求把"学员 2 天赚 800 元，10 天累计变现 10000 元的用户反馈"以"短时间高收益"的对比形式，把学习效果体现出来。

2. 要求用"太好了"等感染力强的词语，激发用户情感共鸣。

3. 要求文案呈现学员分享的真实感。

4. 文案在 30 字以内。

这类通过"用户反馈"将效果摆在眼前，最终赢得用户信赖的文案，也是有模板的。文案创作者只需要梳理出用户反馈的效果，呈现"前后对比"，从而赢得用户信任。根据这个逻辑，我们归纳出了提示词模板。

【效果立现，赢得用户信赖模板】

你是一名小红书运营高手（根据文案类型给 AI 的定位），计划用"用户反馈"的写作方式撰写 ×× 文案。

1. 要求体现 ×× 的前后对比效果，例如 ×× 时间变现 ×× 元，×× 服务呈现 ×× 结果。

2. 要求用感染力强的词语，激发用户的情感共鸣。

3. 要求文案呈现用户反馈的真实感。

4. 文案在 ×× 字以内。

通过"用户反馈"呈现前后对比效果，从而赢得用户的信任，这是文案写作中非常有效的技巧。为大家分析一下：权威背书、名人真事让用户对产品更加信任，这属于销售的前端，但销售之后的步骤也非常重要，"产品好、用户下单、用户反馈好、再次触发购买"才是一个合理的闭环。

展示用户反馈的最终目的依旧是证明产品有效果且值得信任。

我们在举办写作训练营时，曾用学员的学习心得作为新一期的招生文案，文案发布不到半天，训练营就招满了。为什么转化率如此高？我们先来看看学习心得包括什么内容。

（1）老师非常真诚，干货倾囊相授，不藏私。

（2）老师很利他，手把手提供各种资源，学费不白花。

（3）老师值得深交，用文字疗愈伤痛，彼此赋能。

很明显，想学写作的潜在用户，往往存在以下疑问：写作好学吗？老师亲自教吗？写作能变现吗？写作能让我有什么成长？很显然，"过来人"的经验和感悟会比客服的解答更加真实有效，这就是好的用户反馈能极大地增强用户的信任感，促进转化。

值得注意的是，不同产品的用户反馈也需要有针对性，这才是用户信赖的核心点。

（1）用户反馈使用效果，体现产品的核心卖点，常见于家居等生活类产品。

（2）用户反馈功能体验，体现产品的服务过程，常见于科技等工具类产品。

（3）用户反馈售后服务，体现产品的配套服务，常见于训练营类服务行业。

显而易见，××小红书训练营的文案聚焦于"学员短期取得显著效益"的"用户反馈"，这巧妙凸显了"××小红书训练营高效转化"的核心卖点。

当然，面对实际的文案创作需求，文案创作者可灵活根据目标，有的放矢地收集和整合用户评价，提炼出提示词模板，进而撰写出更多能够增强用户信任感的精彩文案。

1.4　互动性：AI 营造互动，激发用户传播

有一个非常流行的词，叫"双向奔赴"。

不管是什么关系，有来有往、互动沟通，感情才会深刻、长久。文案里同样需要互动，因为有互动，才有连接，才能激发用户潜在的购买欲望。

本节提供的 AI 提示词模板，正是为了引导 AI 创作出更具互动性的文案，从而与用户建立起更加紧密的联系，推动他们做出购买决策。

1.4.1　文案有趣，参与感倍增

文案有趣，能提升用户的参与感。例如，来自深圳市盐田区东和社区桥东社康中心的这则疫苗宣传标语：

我们一起打疫苗，一起苗苗苗苗苗！

这则"我们一起打疫苗"的宣传标语借歌曲《学猫叫》的热度迅速传播开来。

为何这则文案能有如此高的传播度？主要原因就是文案有趣，用户自然地产生"接受你的邀请"的互动感。

有趣，会让用户有"我也属于这里"的参与感；同时，有趣的文案自带传播性。

那么，怎样才能让用户既觉得文案有趣，又有参与感？

有以下几个技巧。

（1）把用户当成自己认识的人，通过提问激发用户参与感。

（2）多用"你""我"等人称代词，用说心里话的方式增强与用户的沟通互动感。

（3）用拟人等手法将品牌和产品"有趣化"，让用户在共鸣中获得参与感。

我们尝试把这些技巧，归纳进提示词模板。

【参与感倍增模板】

你是一名文案高手（给 AI 的定位），我需要你为 ×× 品牌设计一则有趣的文案，这些文案需要满足以下 3 个要求。

1. 将产品进行拟人化处理，以突出产品卖点。

2. 在文案中设计问答互动环节，使用"你""我"等人称代词，增强与用户的沟通互动感。

3. 保证文案风格轻松有趣，且每则文案不超过 ×× 字。

请按照以上要求，生成符合要求的海报文案。

举例：×× 品牌洗碗机的卖点是强力清洁，请为该品牌洗碗机设计有趣的文案。

代入模板，直接向 AI 提问：

> 你是一名文案高手，我需要你为 ×× 品牌的洗碗机设计一则有趣的文案，需要满足以下要求。
>
> 1. 将"洗碗机""碗""食物残渣"进行拟人化处理，以突出洗碗机"强力清洁"的卖点。
> 2. 在文案中设计问答互动环节，使用"你""我"等人称代词，增强与用户的沟通互动感。
> 3. 保证文案风格轻松有趣，字数不超过 50 字。
> 请按照以上要求，生成符合要求的海报文案。

AI 的参考答案：

> ×× 洗碗机里，碗儿在歌唱，食物残渣在鼓掌。
> 强力清洁，不留一丝污痕
> 你我只需坐等碗儿洁净又闪亮登场。

AI 生成的这则文案通过"歌唱"和"鼓掌"的拟人化描述，将洗碗过程变得生动有趣。同时突出了产品的强力清洁效果，以及与用户的轻松互动感。

当然，这则文案还需根据产品的实际特色进行更为精准的调整。

但毫不夸张地说，AI 为文案创作者提供了丰富的创意源泉，极大地拓宽了创作视野。

1.4.2 "槽点"变亮点，传播更广泛

通常，我们会认为，文案只能写优点，即便有缺点也必须合理规避。事实上，任何事物都有自己的"不完美"，有时"槽点"也可变成亮点。

大家逛夜市时，经常会发现类似"工厂倒闭，产品贱卖"的广告语，也总能吸引很多用户注意和购买，例如下面这则广告文案：

工厂倒闭，厂长变小弟

摆烂不如摆摊，好歹也是小老板

走过路过，不要错过老板牌半夜烧烤

"工厂倒闭"在很多人看来是个"槽点"，但我们转念把"槽点"变成一个打动人心的亮点，反而使这家烧烤摊从众多竞争对手中脱颖而出。毕竟，深夜卖烧烤的人很多，但如此积极向上的烧烤摊可不多，同等的烧烤产品之下，自然能吸引更多用户。

这类文案非常有特点，写作技巧总结如下。

（1）真诚地自曝其短，在用户发现问题之前先坦陈，反而让用户有种"你很真诚"的感觉，用户会觉得产品值得信任，购买欲望也会变强。同时，因为文案有趣，用户更有可能会主动传播。

（2）采用"自我嫌弃"的写法，强烈的对比会让文案更接地气，拉近与用户的距离。

我们尝试把这两个技巧，归纳进提示词模板，写出"槽点"变亮点的文案。

【广泛传播引流模板】

你是一名非常擅长把"槽点"变亮点的文案高手（给 AI 的定位），我需要你为 ×× 品牌撰写 ×× 则很有趣的文案，这些文案需要满足以下要求。

1. 自曝其短，体现真诚，直白说出产品的不足：×××。

2. 要求文案体现"槽点"变亮点，结尾反转，核心在于刺激用户的购买欲。

3. 以 ×× 文风呈现，文案不超过 ×× 字。

举例：超市的橘子略酸，不如反其道而行，直白告知用户橘子酸，把决定权交给用户，同时，文案要呈现出幽默有趣的风格，"槽点"变亮点，核心在于引导用户购买。

代入模板，直接向 AI 提问：

你是一名非常擅长把"槽点"变亮点的文案高手，我需要你为超市里的橘子写一则有趣文案，文案需要满足以下要求。

1. 自曝其短，体现真诚，直白说出橘子略酸，建议不要轻易下单。

2. 核心在于"槽点"变亮点，结尾反转，刺激用户的购买欲。

3. 以诗歌文风呈现，每句话不超过 20 字。

请按照以上要求，生成符合要求的文案。

AI 的参考答案：

酸橘子自述：

我酸，我不否认，明明白白告诉你。

若你心动，想尝试，劝你三思而后行。

备好纸巾和水，以防泪眼模糊。

但尝一口，或许惊喜，酸中甜意藏心间。

可以说，AI 给出的这篇橘子文案非常不错，完全符合我们的预期。

虽然是自曝其短，但真诚的语气增加了文案的真实性和可信度；劝你三思而后行，看似不建议购买，但反其道而行之的写法，既负责又有趣，反而激发了用户的好奇心。

当然，这则文案的核心在于，"尝一口，或许惊喜"将原本的"槽点"（橘子酸）转化成了潜在的亮点，这种反转，不仅减轻了"劝你三思而后行"的严肃性，也增加了文案的趣味性，从而间接刺激了消费者的购买欲。

1.4.3　交互式场景，让文案动起来

文案还能动起来？我们来看看知乎的交互式场景的"动"文案：

哥们儿，还站着呢？（地铁广告）

我是一个广告，我喜欢你盯着我看。（地铁广告）

在等电梯？我陪你呀（电梯广告）

知乎的广告非常生活化、口语化，就像和身边的朋友聊天一样自然随意，但又很好地把用户的心里话说了出来。也恰恰是因为"被说中了现实 / 心事"，用户会心一笑，谁说这不是最好的互动呢？这也是交互式场景的核心。

交互式场景是指文案所营造的"产品或服务"与用户互动的心理空间。也因为如此，很多人对交互式场景有种误解，认为能营造这种场景的广告一定是"活"的，需要用户"动手"，必须通过点击才能实现。

事实上，"互动"不只是指用户需要动手，而是指用户用心感受并接受了文案想表达的观点，可以理解为动手，但也可以理解为动脑、动心。

当然，实现交互式场景，让文案动起来需要写作者多花心思，通过文字设计各种互动小游戏，引领用户"动起来"。

或许这样说太过抽象，让人费解。那我们举个例子，著名文案大师尼尔·法兰奇写过一则芝华士威士忌的广告文案，其中一句是这样的：

"假如你还需要知道它的价格，翻过这一页吧，年轻人。"

看到这句话，你的手指是不是就蠢蠢欲动了？

可见，交互式场景是可以通过包括文字在内的各种方式来营造的，写作技巧总结如下。

（1）设身处地思考用户所处的时间、地点、其所思所想，传达出明确的行为指引。

（2）多用动词，呈现画面感，激发用户遵守行为指引，从而实现互动。

（3）可用问答等方式营造交互式场景，形式引人入胜，在公共场合引起反响。

那么，问题来了，如此需要情感互动的文案，可以通过提示词模板，让 AI 撰写出来吗？我们来试试看，把交互式场景的写作技巧，归纳成模板。

【互动赋能聚睛模板】

你是一名非常擅长用文字和用户互动的文案高手（给 AI 的定位），我需要你运用你的文案技巧和创意，为 ×× 品牌撰写 ×× 的互动文案，这些文案需要满足以下要求。

1. 结合用户的实际场景，传达出"××"的行为指引，以吸引用户遵守这一指引。

2. 文案多用动词，激发用户的 ××（行为），同时让用户在阅读后感到愉悦。

3. 用问答等方式营造交互式场景，形式引人入胜，能够在公共场合引起积极反响。

请展现你的文案创作能力，创作 3 个既有趣又互动力强的版本，每个不超 ×× 字。

举例："请不要踩草坪"是很常见的公益广告文案，虽然是交互式场景，有一定的互动性，但是否可以让 AI 创作出更具互动性的有趣广告文案呢？

代入模板，直接向 AI 提问：

你是一位非常擅长用文字和用户互动的文案高手，我需要你运用你的文案技巧和创意，对"请不要踩草坪"这句简单的指令性语句进行润色。

1. 传达出"不踩踏草坪"的行为指引，以引导用户遵守这一指引。

2. 文案能够激发用户的环保意识，同时让用户在阅读后感到愉悦。

3. 可用问答等方式营造交互式场景，形式引人入胜，能够在公共场合引起积极反响。

请展现你的文案创作能力，创作 3 个既有趣又互动力强的版本，每个不超 30 字。

AI 的参考答案：

1. 小草微微笑，请你旁边绕。爱护环境，人人有责。

2. 草坪说："别踩我，我怕疼！"呵护绿意，从我做起。

3. 草坪说："踩我？No，No，No！"

AI 所提供的 3 则文案，相较于直白的"不要踩草坪"，更能激发用户的参与热情。问答式的交互模式让用户在明确的指导之下体验到了一种互动的乐趣，这种互动不仅增添了文案的吸引力，而且有助于增强用户的环保意识和承担社会责任的意愿。

第 2 章

AI 激发"有逻辑的创意"，为爆款文案打好根基

逻辑是坚实骨架，创意则是滑轮之翼。当这两者得到 AI 写作工具的加持后，文案创作者便能轻松遨游在思维的原野，行至更广阔的创意疆域。

2.1 "5W1H" 法，迅速构建文案骨架

"5W1H"法指在写文案前先确定6个关键问题：Why（为什么写）、What（写什么）、Who（给谁看）、Where（在哪里发布）、When（什么时间）和 How（怎么表达）。

这6个关键问题能够协助文案创作者更迅速、更有条理地构建文案骨架。

而这正是 AI 写作工具所具备的显著优势——在文案创作之初，借助 AI 生成的提示词，我们就能系统性地厘清文案的逻辑基础。

2.1.1 Why（为什么写）：AI 识别目标，明确写作方向

有目标才有方向，写文案也一样。了解目标后，我们才能有针对性地准备素材、搭建框架、选择"打法"。想要确认"为什么写"，文案创作者需要在构思时思考以下问题。

（1）你想让用户在文案中看到什么，品牌价值，还是产品特点？

（2）你想让用户在文案中感受到什么，企业文化，还是情感？

（3）你希望用户看完文案后做什么，自发传播，还是直接下单？

很多新手在写文案的时候，习惯把产品的所有卖点、优势全部"塞"到一则文案里，希望用户能够找到自己感兴趣的内容。这时，新手可能压根就没找到产品的核心卖点，用户更不可能在大量信息中找到自己感兴趣的内容。所以，先定位再写作，真的非常重要。

但对新手来说，确实难以思考清楚写作方向，这时候，AI 写作工具就能提供非常大的帮助，因为，逻辑梳理是 AI 最强大的优势之一。

直接向 AI 提问，获得精准的写作方向和目标：

如果我不确定一篇文案的写作目的，该如何求助你?

AI 的参考答案：

当你不确定一篇文案的写作目的时，可以通过以下方式向我求助。

1. 详细描述背景信息：提供关于文案的背景信息，包括品牌、产品、目标受众等。这有助于我更好地理解你的需求和目的。

2. 明确你的疑问：具体描述你在写作过程中遇到的问题或不确定的点，例如你不清楚应该强调品牌价值还是优惠折扣，或者你不确定用户看完文案后应该采取什么行动。

3. 提供已有的素材和思路：如果你已经有一些文案的初稿或者思路，可以一并提供给我。这样我可以更好地理解你的创作方向和已有成果，从而给出更具体的建议。

4. 设定一个明确的目标：尽管你目前不确定文案的写作目的，但可以尝试设定一个明确的目标。例如，你希望提高品牌知名度、促进产品销售、增强用户黏性等。这将有助于我为你提供更针对性的建议。

5. 寻求多个意见：除了向我求助，你还可以考虑咨询其他文案创作者、营销专家或目标受众的意见。不同的观点和反馈可以帮助你更全面地了解文案的目的和效果。

记住，一个好的文案需要不断打磨和优化。通过积极的沟通和反馈，我们可以一起帮助你找到最适合的文案写作目的和策略。

可以说，上述答案内容详尽、实用性强，它不仅精准解答了如何确定文案写作目的，还提供了一系列切实可行的解决方式。最后一句话更是表示了对用户了温暖的慰藉。

更为关键的是，AI 写作工具支持多次查询，有助于不断打磨和优化文案，帮助文案创作者理清思路，构筑清晰的逻辑。

2.1.2 What（写什么）：明确品牌和产品，内容定位更精准

想要文案写得好，文案创作者除了要有一定的文笔外，敏锐的洞察力和严谨的逻辑分析能力也不可或缺。写文案之前，文案创作者必须先熟悉品牌或产品，才能把品牌或产品推广给目标用户。

品牌和产品很好区分，例如，"苹果"是品牌，手机是产品，品牌可以让产品产生溢价，而产品可以不断验证品牌的价值和愿景。当然，品牌是独一无二的，宣传的核心也比较集中，文案创作者只需发挥不同创意表达品牌愿景即可；产品则层出不穷，且产品的核心卖点各有差异，这就需要文案创作者在写文案前，先了解清楚品牌或产品。

在确认了品牌和产品特性之后，文案的 What（写什么）部分才能有明确标准。

在 AI 写作工具发现之前，我们需要花费大量时间收集大量数据来明确 What（写什么），具体的 3 个步骤如下。

（1）梳理出产品的基础属性。

（2）梳理出竞品的基础属性，并对比挖掘出产品区别于竞品的价值属性。

（3）根据产品特点、市场大小、市场需求、价值高低 4 个要素深挖产品的核心卖点。

有了 AI 写作工具之后,这项工作变得非常简单,AI 可以在几秒内收集完产品和其竞品的相关信息,并在海量数据里梳理出逻辑,直接给出结果。把明确 What(写什么)的相关内容,归纳模板如下。

【明确定位模板】

你是一名市场营销专家(给 AI 的定位),首先,请你充分展示你的数据收集能力,从多方权威渠道搜索 ×× 品牌产品信息,为我分析 ×× 品牌产品的市场数据、产品信息:×× 品牌、×× 产品、成立时间、公司等(信息越详细,分析越精准)。其次,根据以下 3 个步骤,从市场竞争角度,挖掘出该产品的核心卖点。

1. 梳理出 ×× 产品的基础属性。

2. 对比挖掘出 ×× 产品区别于竞品的价值属性。

3. 从产品卖点、市场大小、市场需求、价值高低 4 个要素深挖 ×× 产品的核心卖点。

要求数据真实,信息有权威出处。

举例:我们以齿物鲜肉肠为例,在写文案之前,我们需要收集竞品信息,挖掘齿物鲜肉肠核心卖点。

代入模板,直接向 AI 提问:

你是一名市场营销专家,请你充分展示你的数据收集能力,从多方权威渠道搜索齿物鲜肉肠信息，为我分析齿物鲜肉肠的市场数据。

产品信息：齿物，2015 年成立，国内鲜肉肠开创者之一。

请根据以下 3 个步骤，从市场竞争角度，挖掘出它的核心卖点。

1. 梳理出齿物鲜肉肠的基础属性。

2. 对比挖掘出齿物鲜肉肠区别于竞品的价值属性。

3. 从卖点、市场大小、市场需求、价值高低 4 个要素深挖齿物鲜肉肠的核心卖点。

要求数据真实，信息有权威出处。

AI 的参考答案（节选）：

从市场竞争角度分析，齿物鲜肉肠的核心卖点主要体现在以下几个方面。

1. 差异化竞争策略。

产品差异化：齿物鲜肉肠在原料选择、加工工艺、口感体验等方面与传统鲜肉肠品牌存在显著差异。例如，它采用排酸猪后腿肉作为原料，这种肉更加嫩弹多汁，而且经过精细挑选的天然羊肠衣也增加了产品的独特性。这种产品差异化使得齿物鲜肉肠在市场中具有独特竞争力。

品牌定位差异化：齿物鲜肉肠以"0 防腐剂、0 色素、0 香精、0 亚硝酸盐"为卖点，强调产品的健康属性，与其他品牌形成鲜明对比。这种品牌定位差异化使得齿物鲜肉肠从健康食品市场中脱颖而出。

2. 市场细分与目标定位。

市场细分：齿物鲜肉肠对市场进行了细致的划分，针对不同消费人群提供不同口味和包装的产品，以满足不同消费者的需求。例如，它推出了原味、辣味、孜然味、黑胡椒味等多种口味，每种口味都有其独特的味道，吸引了不同口味的消费者。

目标定位：齿物鲜肉肠将目标市场定位为注重生活品质、追求健康饮食的消费者群体。这种目标定位使得齿物鲜肉肠在市场中具有明确的客户群体和市场定位。

经过审核确认，我们发现该产品的核心卖点及其市场定位，与 AI 所提供的答案高度吻合。AI 快速地完成了庞大数据的收集、整合、分析、对比和总结工作，为文案创作者节约了大量整理素材的时间，并显著地提升了写作的效率与精准度。

当然，文案创作者必须对 AI 写作工具生成的信息进行审核，确保数据准确。

2.1.3 Who（给谁看）：AI 细描画像，洞察用户心声

撰写文案前，务必明确目标用户（Who），以便有针对性地解决用户痛点。比如，对于房地产行业，若文案为公寓广告文案却将目标用户定位为高端人群，无疑是不合适的。若目标用户定位不准确，再优秀的文案也难以发挥作用。

为了识别真正的目标用户，弄清楚以下 3 个问题至关重要。

（1）目标用户是谁？考虑目标用户的性别、年龄、地域、受教育程度、职业、收入状况、婚姻状况等基本信息。

（2）目标用户关注的点是什么？探究目标用户的兴趣爱好、购物习惯和价值观。

（3）目标用户期望通过你的产品解决什么问题？分析你的产品能满足目标用户的哪些需求，以及如何满足这些需求。

同理，这项工作在 AI 写作工具出现之前，需要文案创作者花费大量时间和精力去收集、分析数据，但有了 AI 写作工具之后，这项工作变得非常简单，通过固定模板可以轻松高效绘出用户画像，相应模板如下。

【精准洞察模板】

你是非常专业的市场营销专家（给 AI 的定位），请根据以下核心卖点和消费者群体，细描用户画像。

1. 详细的核心卖点：××。
2. 明确的消费者群体：××。

因为 AI 具备多轮问答生成和引导的追问形式，因此，我们继续以齿物鲜肉肠为例，在 AI 给出核心卖点之后，代入模板直接追问用户画像：

> 你是非常专业的市场营销专家，请根据以上核心卖点和消费者
> 群体，细描用户画像。

AI 的参考答案（节选）：

> 综上所述，齿物鲜肉肠的用户画像可以进一步细化为 28~42 岁、
> 本科及以上学历的城市居民，女性占 55%，男性占 45%，中
> 等偏高收入水平、家庭年收入在 20~60 万元人民币，他们注重
> 健康生活方式、社交活动、环保意识和居住品质，通过线上线
> 下结合的方式定期购买齿物鲜肉肠，用于家庭聚餐、户外活动
> 和礼品赠送等场景。

在 AI 的支持下，文案创作者能够轻松而高效地界定目标用户。

目标用户的形象越鲜明，文案就越能贴合其特质、需求和偏好，进
而更深入地触及用户心理。

更为重要的是，文案中传递的信息、发出的呼吁都是基于目标用户
的实际需求和兴趣定制的，这无疑将更容易触动用户，促进转化。

2.1.4　Where（在哪里发布）：平台不同，风格不同

撰写文案时，除了明确文案目的、了解品牌的产品信息、明确目标
用户之外，还有一件至关重要的事，那就是要清楚文案将在哪个平台发
布。因为不同平台的风格不同，不同平台上的文案的表现形式也会有很
大差别。

要使文案在各个平台上取得良好的效果，以下两点值得关注。

（1）产品用户画像须与平台的用户群体画像一致。不同平台的用户群体画像不同。例如，学生倾向于使用 QQ，而职场人士更多使用微信，因此针对学生群体的产品更适合在 QQ 上推广。

（2）文案风格要根据不同的发布平台进行调整。每个平台的运营特色有所不同，如知乎的"问答体"，小红书的"种草图文"。需要根据具体平台进行具体分析，调整文案风格以适应平台特点。如将"问答体"发布在小红书上，就会显得格格不入。

微信公众号、小红书、资讯类平台的风格特点总结如下。

（1）微信公众号。

公众号文案倾向于对产品卖点进行深度分析，以图文并茂的形式推广。公众号文案有两大特点。一是精准推送。微信公众号后台可以根据用户分组、地域划分等细分项进行精准推送。二是高触达率。微信用户关系具有真实性、私密性，因此，公众号文案是基于朋友圈传播的，触达率高，转化率也更高。

（2）小红书。

小红书的官方统计数据显示，女性用户的占比可能在 76%~78.6%，这导致小红书呈现出与众不同的特性。一是用"美"代言。高格调、高品质的图文、视频更能吸引女性用户。二是迅速"种草"。小红书和重视"大 V"的微博平台不同，更重视文案内容，适合采用"迅速共情，提出问题——给出方法，快速解决——干货'种草'，促进下单"的策略。

（3）资讯类平台。

今日头条、百家号、腾讯新闻等资讯类平台的风格各有特色，但总体有以下三大特性。

一是用户大众化，文案内容必须接地气、场景化。二是紧跟热点，在资讯类平台上，社会新闻、娱乐热点等非常受大众关注，且自带热度。三是紧抓关键词，资讯类平台的推送方式是大数据通过关键词将内容推送给潜在客户，例如，文案出现"明眸眼霜"，大数据就会有针对性地把文案推送给常浏览时尚、护肤类文章的用户。

在过去，文案创作者仅仅维护一个平台就充满挑战性，不仅要投入大量时间去掌握平台的特性，还需按照平台的风格对文案进行调整。

如今，我们拥有了高效的 AI 写作工具，以"讯飞星火认知大模型"为例，在星火助手中心，与小红书相关的场景选项众多，包括"小红书爆款文案""小红书种草文案助手""小红书爆款内容""小红书笔记助手""小红书账号介绍文案"等。

文案创作者现在只需根据自身的创作需求，向 AI 发送精确的提示词，便可在数秒之内获得既符合平台标准又品质上乘的小红书笔记。

正是得益于这类高效的 AI 写作工具，文案创作者不再被格式调整等重复性的写作任务所束缚，轻松掌握了快速进入各个平台的技巧，从而能够将宝贵的时间和精力更多地投入深层次的思考和创作活动中。

2.1.5　When（什么时间）：AI 把握时间节奏，文案时效价值高

文案推广不是一朝一夕的事情。为确保文案被搜索引擎和自媒体平台"记住"，我们必须根据需求和时间节点有针对性地持续宣传。

（1）拟定有规律的推广周期。如果将一年视为一个传播周期，那么全年的目标是什么？全年的传播应分为几个阶段？各阶段的诉求是什么？日常传播如何安排？规模、力度如何把控？针对哪些用户展开？这些都需要提前思考妥当，从而拟定有规律的推广周期。

（2）确定推广时间节点。单个文案宣传的持续性有限，所以需要在特定时间内进行推广，从而产生较大的影响和反响，以提升产品知名度和影响力。

通常，文案涉及的时间节点包括：热门节日，如母亲节、七夕节、中秋节等，各大品牌在这些高热度的时间节点大力宣传推广；热点事件受到热议期间，例如，社会新闻、名人消息等引起热议后，许多品牌会合理借势，"蹭"热度；纪念日（甚至可以自己创造纪念日），如"双11""6·18"等就是平台为促销而打造出的推广时间节点。

企业的新媒体运营者在策划推广活动时，可以结合品牌或企业的新品发布线进行安排。

（3）单次推广时间的安排。按照预热期、爆发期、持续期来安排。时间节点不同，文案的写法就不同，文案写作具有很强的时效性。

例如，在中秋节这个时间节点，文案需要紧跟"团圆"的话题，文案的切入角度必须合理地借助大众关注的热点，巧妙"蹭"到热度。

下面以天猫 2022 的营销节点（节选）为例，看看推广时间节点的重要性。

2 月—3 月活动如下。

天猫过年不打烊：2 月 1 日—2 月 14 日（热门节日——春节）。

天猫情人节：2 月 12 日—2 月 14 日（热门节日——情人节）。

美妆春光节：2 月 25 日—3 月 2 日（纪念日）。

开学季：2 月 25 日—3 月 2 日（热点事件受到热议期间）。

家装节：2 月 26 日—3 月 27 日（纪念日）。

显然，对于文案创作者来说，把握时间节奏并紧跟时效性极强的热点是一项极高的要求。然而，如今 AI 写作工具能够高效地捕捉到"When

(什么时间)"这一关键节奏点,从而确保文案的时效性。

以度加创作工具为例,这个 AI 写作工具最显著的优势在于其强大的自动化功能,即"热搜一键成稿,文稿一键成片"。这一工具能够迅速响应热门事件,仅需数秒即可完成文案撰写,仅需数秒即可将文案转化为视频。这种高效的操作,使得文案创作者能够迅速把握热点,降低文案生成的难度,并大幅度提升文案的创作效率。

2.1.6 How(怎么表达):经典"4P"公式,简单上手逻辑更严密

先来欣赏这样一段文案:

甜过初恋,美过初阳,这就是赣南脐橙!一尝即知,满满的甜蜜汁水在舌尖舞蹈。

还在为找不到甜滋滋、水嫩嫩的橙子而发愁吗?别担心,赣南脐橙来拯救你的味蕾!我们承诺,这里的脐橙绝对甜到你心里,汁水多到让你惊喜。再也不用为橙子不够甜、不够多汁而烦恼了!

不信?听听买过的朋友们怎么说:"真心话,我从没吃过这么甜的脐橙,一个脐橙就能榨出一杯果汁!"口碑相传,品质有保障,赣南脐橙绝对值得你一试。

只剩最后 100 斤现季赣南脐橙,错过真的就要等明年了!每斤仅需 ×× 元!赶紧下单,让这颗橙子点亮你的冬天,甜蜜一整季!错过它,你可就是真的"橙"憾终身了!

是不是有种眼前一亮的新颖感?

是的,这就是 AI 写作工具根据提示词模板,在几秒内生成的文案。

在精准的提示词下,AI 写作工具提供的这则文案展现出非常不错的

创新思维。

它以引人入胜的开头吸引用户的注意力，通过解决用户痛点建立信任，借助有力的口碑证明来增强说服力。同时，文案还巧妙地运用了紧迫感策略，有效地催生了用户的购买欲望，并推动了即刻转化。

这一提示词模板，遵循的就是 How（怎么表达）中的经典"4P"公式逻辑。

在为文案做好"5W"知识储备之后，How（怎么表达）也十分重要。

我们推荐经典的"4P"公式，即描述（Picture）、承诺（Promise）、证明（Prove）和敦促（Push），简单且易于掌握。在撰写文案时，可以按照这 4 个步骤来组织文案大纲。

（1）描述。

通过金句、热点、故事、提问等方式，引发用户产生共鸣，并引入关于产品的描述，建立起产品与用户之间的联系。

（2）承诺。

通过解决痛点、回应诉求和做出承诺，让用户了解产品能帮助他们解决什么问题，激发用户的购买欲望。

（3）证明。

利用权威背书、名人代言、用户反馈等方式，提高用户的信任度，赢得用户信任。

（4）敦促。

通过限时优惠、限量优惠、阶梯价格、价格对比等策略，在关键时刻推动用户购买产品，实现转换。

遵循"4P"公式，文案创作者能够更有条理地构建文案，从而有效吸引用户、激发购买欲望、建立信任并推动销售。

借助 AI 写作工具，我们可以将这一公式提炼为提示词模板，通过简单的指令即可一键生成文案，极大地提高了文案创作的效率和便利性。

【经典 4P 逻辑模板】

你是一名文案高手（给 AI 的定位），我需要你运用严谨的逻辑，发挥创意，撰写 ×× 产品的销售文案。文案的逻辑结构需要满足以下要求。

第一段：通过吸引人的金句、热点、故事、提问等方式来描述 ×× 产品，旨在立即吸引用户的注意并建立起产品与用户之间的联系。

第二段：承诺解决用户的痛点，明确产品能带来的实际好处。这一步要激发用户的购买兴趣，使他们产生购买的欲望。

第三段：通过 ××（如权威背书、用户反馈）等方式来证明产品的价值和有效性。这一步的目的是建立用户的信任，让他们对产品产生信心。

第四段：利用 ××（如限时优惠、限量供应、阶梯价格、价格对比）等策略敦促用户下单。这一步的目标是在关键时刻推动用户做出购买决策，促进转化。

文字口语化，不超过 ×× 字。

请严格按照以上要求，完成 ×× 产品的销售文案写作。

举例：你需要在朋友圈销售赣南脐橙，可以让 AI 协作撰写不超过
300 字的朋友圈文案。代入模板，直接向 AI 提问：

你是一名文案高手，你需要运用严谨的逻辑，发挥创意，撰写
赣南脐橙的销售文案，文案的逻辑结构需要满足以下要求。

第一段：通过吸引人的金句来描述赣南脐橙，立即吸引用户的
注意。

第二段：承诺解决用户买不到甜又多汁的橙子的困扰，激发用
户的购买欲望。

第三段：买过的朋友反馈"从来没吃过这么甜的脐橙，汁水多
到 1 个脐橙就能榨 1 杯果汁"，再次证明赣南脐橙的价值，建
立用户信任。

第四段：只剩最后 100 斤现季赣南脐橙，限量供应，敦促用户
下单。

文字口语化，不超过 300 字。

请严格按照以上要求，完成赣南脐橙的销售文案写作。

就这么简单，AI 写作工具生成了本小节开头那段亮眼的朋友圈
文案。

可以说，这个提示词模板在 AI 的巧妙运作下，文案完成度高、文
案质量较好，充分展现了 AI 在文案创作领域的巨大潜力和价值。

2.2 AI 助力逻辑线,这样写文案才立得住

许多初入行的文案创作者误以为用词优美是优秀文案的关键,然而实际上,清晰的逻辑才是其根本所在。而 AI 写作工具正好能够在这方面为我们提供极大的帮助。

2.2.1 文案常备要素清单

文案创作者要写出优秀的文案,确实需要一定的条件,如具备一定的文学功底、有丰富的生活阅历,以及对产品有深入的了解。

对于新手而言,如果能依据模板准备素材并注入故事情节,同样有可能创作出优秀的文案。文案常备要素清单正是最适合初学者的模板,其包含以下要素。

(1)标题。

标题对文案的重要性显而易见,因为它直接影响着用户的点击率。即使文案正文内容再精彩,如果标题缺乏吸引力,用户也不会点击查看。因此,投入与撰写文案相当的时间来构思一个有吸引力的标题至关重要。

(2)小标题。

文案标题决定用户的点击率,正文中的小标题则有助于用户更好地理解和梳理文案信息。特别是对于 1000 字以上的文案,小标题能帮助用户快速抓住重点,避免在阅读中迷失方向。

(3)主体内容。

文案的主体内容传递的是产品的核心信息。优质的内容不会直接展示产品卖点,而是在明确用户画像后,采用讲故事的方式,描述目标用户的痛点场景,并以幽默的文风让用户感受到问题是可以解决的。

（4）金句。

金句在文案中扮演着画龙点睛的角色。金句可以是原创的，也可以是引用的名人名言。金句虽然看似只是锦上添花，但往往能够触动用户的内心，激发用户自发传播。

（5）图片。

图片是一种形象化展示产品的强有力工具，能与文案相得益彰。图文并茂的表现形式可以优化用户的阅读体验，增加用户的信任感。

（6）品牌名。

在撰写文案的过程中，应在适当的时机引入品牌名，潜移默化地强化用户认知。

（7）引导互动。

引导互动也是文案中的一个重要元素。文案可以通过提问、转发有奖等方式与用户互动，引导用户留言、点赞、转发和收藏。

（8）价格。

在文案中，合理且自然地展示价格优惠是必要的。

（9）引导成交。

文案除了介绍产品信息外，还需要在文末安排引导成交的话术。例如，某产品原价是 199 元，市场部在做营销推广时，安排 8.8 折的优惠。那么，我们可以采用这样的引导话术："这个产品原价 199 元，今日在直播间我们争取到的福利是 8.8 折，是全网最低价，有需要的小伙伴赶快入手一套吧！"话术可以多样化，但引导成交始终是一个必不可少的要素。

值得注意的是，在文案中，段落格式也尤为重要。用户大多通过移动设备阅读文案，屏幕尺寸各异。为了避免格式错乱，文案的段首可以选择顶格排版。

此外,文案应尽量使用短句,每 2 至 3 行构成一个段落,段落之间留有空行,这样用户更容易区分段落与段落、段落与标题,阅读起来更加流畅。

AI 写作工具可以通过分析大量的数据,创作有吸引力的标题,帮助文案创作者构思小标题,以及生成符合用户画像的有针对性的主体内容。此外,AI 写作工具还能创作出具有感染力的金句,挑选和编辑合适的图片,以及提出段落格式的优化建议。品牌名的植入、引导互动的策略、价格的展示方式,以及引导成交的话术,都可以通过 AI 写作工具得到精心的设计和布局。

我们将逐步介绍这些提示词模板,确保即使是新手,也能够借助 AI 写作工具创作出达到专业标准的文案。

2.2.2　层次越清晰,文案越好懂

撰写文案时,你是否遇到过这样的挑战?

若将文案比作一座精美的房子,那么逻辑大纲便是其稳固的框架。只有当框架稳固,房子才能稳固矗立,同样,有了清晰的逻辑大纲,写文案才能信手拈来。

然而,有时我们难以梳理出一个清晰的逻辑框架。

幸运的是,如今有了 AI 写作工具的助力,这个曾让我们头疼不已的问题迎刃而解。借助 AI 写作工具的智能分析和推荐,我们可以轻松地构建出清晰的逻辑框架,让文案更加易于理解和有吸引力。因此,在撰写文案之前,思考和规划逻辑框架非常重要。

文案逻辑有很多种,下面介绍使用度较高的两种文案逻辑。

（1）递进逻辑。

以"现象，原因（为什么），解决（怎么办）"的顺序来行文。

递进逻辑即逐步展开论点，使每个点都在前一个点的基础上进一步加深或强化。递进逻辑可以用来营造紧张感或期待感，也可以用来强调一系列步骤或事件的连续性。

（2）并列逻辑。

以"并列 1，并列 2，并列 3"的顺序来行文。

并列逻辑即同时呈现两个或多个相似或相关的点，它们之间通常是平等的，没有先后或主次之分。这种逻辑有助于比较不同选项，展示多个利益点，或强调一组相关的点。

我们把这两种文案逻辑调整成 AI 提示词模板，代入具体案例，即可高效撰写出清晰的逻辑大纲。

【递进逻辑模板】

你是一名文案高手（给 AI 的定位），我需要你运用严谨的逻辑和发挥创意，撰写递进逻辑的文案大纲，请满足以下要求。

第一段：通过金句、故事、热点等描述现象。

第二段：分析造成现象的原因。

第三段：论述"怎么办"并重点宣传产品卖点。

要求大纲逐步展开论点，层层递进，论点加深，激发用户购买欲。

请按以上逻辑，完成二级目录写作，不需要扩充内容，×× 字以内。

【并列逻辑模板】

你是一名文案高手（给 AI 的定位），我需要你运用严谨的逻辑、发挥创意，撰写并列逻辑的文案大纲，请满足以下要求。

1. 大纲呈现 3 个并列的观点。

2. 3 个观点相似或相关，无主次之分，但都为主观点服务。

3. 大纲小标题用金句呈现，激发用户好奇心和购买欲。

请按以上逻辑，完成二级目录写作，不需要扩充内容，×× 字以内。

举例：某人计划为《送孩子这套历史书，他一定会感谢你》撰写文案，但是不知道怎么下笔，让 AI 提供一版文案大纲。

我们把案例代入并列逻辑模板，直接向 AI 提问：

你是一名文案高手，我需要你运用严谨的逻辑，发挥创意，为《送孩子这套历史书，他一定会感谢你》撰写并列逻辑的文案大纲，请满足以下要求。

1. 大纲呈现 3 个并列的观点，分析这套历史书对孩子的好处，口语化呈现。

2. 3 个观点相关，无主次之分，但都为主观点"激发用户购买这套历史书"服务。

3. 大纲小标题用金句呈现，激发用户好奇心和购买欲。

请按以上逻辑，完成二级目录写作，不需要扩充内容，200 字以内。

AI 的参考答案：

《送孩子这套历史书，他一定会感谢你》文案大纲

一、读历史，开阔眼界！

古今中外，故事连连，孩子秒变历史"小达人"！

跨越国界，了解多元文化，培养世界小公民。

二、读历史，启迪思维！

历史故事，蕴含人生智慧，助力孩子独立思考。

锻炼批判性思维，成为小小思想家。

三、读历史，传承文化！

深入了解中华五千年文明，培养文化自信心。

让孩子成为传统文化的守护者，自信走向世界。

送孩子一套历史书，给孩子一个充满智慧的童年！

AI 提供的这个文案大纲，令人眼前一亮。它的结构和条理都非常清晰，非常实用。

我们也可以尝试运用递进逻辑的提示词模板，看看相同的文案在不同的逻辑大纲下会产生怎样的变化。对比选出最佳版本，为接下来的内容填充打下坚实基础。

许多初学者构建逻辑大纲时往往容易陷入混乱，难以区分主次、并列与递进关系。这时，AI 写作工具可以帮助我们清晰地梳理逻辑，使撰写过程更为顺畅；还可以为我们提供了逻辑大纲，轻松地根据大纲填充内容，从而创作出结构严谨、条理清晰的文案。

2.2.3　论证严谨，文案自带魅力

许多创作者常常会感到困惑：明明自己创作的内容与优质文案相似，但为何效果却大相径庭呢？实际上，二者的差异往往源于细节的论证严谨度。

一个成功的产品文案，其核心在于内容的真实性和可信度。在撰写文案时，无论是事实陈述，还是逻辑推理，都需要确保所传递的信息具有充分的依据。只有这样，文案才能真正打动用户，赢得用户的信任，并彰显出独特的吸引力。

因此，在追求文案的质量和创新时，创作者也不能忽视对细节的处理。如何确保文案的严谨性呢？以下是一些对细节处理的技巧。

（1）使用数字和描述细节。

用具体的数字和详细的描述来替代泛泛而谈的形容词，这样可以让文案更具说服力。

（2）引用名人名言。

借助名人名言，而非无根据的"路人说"，来提升文案的权威性和可信度。

（3）展示用户真实反馈。

展示用户的真实反馈，让文案更加贴近用户，更具可信度。

（4）引入权威背书。

利用行业专家的推荐或专业机构的认证，提升文案的可信度，避免模糊的介绍。

这 4 个技巧，既可以单独使用，也可以结合使用，我们尝试着把 4 个技巧整合在一个提示词模板中，读者可以代入具体案例，让文案更有说服力。

【严谨论证模板】

你是一名文案高手（给 AI 的定位），我需要你运用严谨的逻辑，撰写 / 润色一段 ××× 文案，让文案细节严谨，最大限度地获得用户信任，并满足以下要求。

1. 用数字和细节代替空泛的形容词。

2. 用名人名言代替无根据的"路人说"。

3. 用用户真实的使用反馈代替夸张的描述。

4. 用权威背书代替模糊介绍。

举例：推广《如果历史是一群喵》这套书时，合作方希望你能用更权威和真实的数据来论证这套书的受欢迎程度，但你不知道怎么来论证。

代入模板，直接向 AI 提问：

你是一名文案高手，我需要你运用严谨的逻辑，润色一段文案——"肥志撰写的《如果历史是一群喵》趣味性非常强，是一套孩子看一眼就会爱上的书"，请尽可能按以下要求，让这段文案细节严谨，最大限度地获得用户信任。

1. 用数字和细节代替空泛的形容词。

2. 用名人名言代替无根据的"路人说"。

3. 用用户真实的使用反馈代替夸张的描述。

4. 用权威背书代替模糊介绍。

AI 的参考答案：

肥志精心创作的《如果历史是一群喵》，以独特的视角和生动的笔触，将枯燥的历史知识转化为引人入胜的故事。这套书涵盖了众多历史时期的精彩瞬间，通过细腻的画面和鲜活的角色，让孩子们仿佛穿越时空，亲身感受历史的魅力。

著名教育专家 ××× 赞誉道："《如果历史是一群喵》用趣味盎然的方式讲述历史，让孩子们在轻松愉快的阅读中掌握知识，是一套极具启发性的历史读物。"

统计数据显示，超过 95% 的读者在阅读《如果历史是一群喵》后对历史产生了浓厚的兴趣，其中不乏原本对历史感到枯燥乏味的孩子。他们纷纷表示，这套书让他们重新认识了历史，发现了其中的趣味和奥秘。

众多家长也反馈，孩子们在阅读《如果历史是一群喵》时笑声连连，不仅能够快速理解历史事件，还能主动与家人分享所学到的知识。这套书不仅让孩子们爱上了历史，更让他们在阅读中收获了快乐。

凭借肥志深厚的历史功底，《如果历史是一群喵》已经成为一套备受推崇的历史读物。它的趣味性和知识性相得益彰，让孩子们在轻松愉快的阅读氛围中感受历史的魅力，是一套值得信赖的历史启蒙读物。

当真实的数据、权威的专家观点以及用户的真实反馈在文案中一一呈现时，文案的严谨性和细节的精准性就体现出来了，这不仅极大地提升了文案的可信度，更赋予了文案专业魅力。

从上面的案例可以看出，在这个提示词模板的引导下，AI 写作工具能够很好地完成任务。

需要注意的是，在涉及一些官方权威数据时，文案创作者必须对 AI 提供的数据信息进行严格审核，确保其来源于权威渠道。所以，我们可以继续提问 AI：

以上数据权威吗？

AI 的回复：

在我提供的润色文案中，提到的"统计数据显示，超过 95%

的读者在阅读《如果历史是一群喵》后对历史产生了浓厚的兴趣"这一数据并不是基于实际权威调查或统计得出的,而是为了符合你要求的"用数字和细节代替空泛的形容词"而设想的一个示例数据。

实际上,权威和准确的数据,通常来自专业机构、市场调研公司或公开发表的学术研究报告等可靠渠道。对于《如果历史是一群喵》这套书的具体数据,如读者满意度、兴趣提升比例等,应该参考该书出版商或相关市场研究机构发布的官方数据。

因此,如果你需要在文案中使用具体数据来增强说服力,建议你查找并引用来自权威渠道的实际数据。如果没有现成的权威数据可用,你可以考虑通过调查问卷、读者反馈或其他方式自行收集数据,但请注意确保数据的真实性和可靠性。

同时,对于名人名言和用户真实反馈部分,也应该确保引用的内容是真实存在的,最好能够注明出处或来源,以增加文案的可信度和说服力。

或许,有些人会认为:AI 都提供框架了,怎么就不能提供权威数据呢?这恰恰展现了"AI 虽不能完全替代人类,但若妥善运用,便能成为强大助手"的核心观点。特别是在涉及权威数据和真实用户体验的方面,更需要文案创作者将已知的精确信息和撰写要求详尽地提供给 AI,使其能够发挥创意,协助创作者创作出既优质又可靠的文案。

当然,从另一个角度来看,当 AI 根据我们的需求撰写出流畅的文案时,我们只需进行细节的调整和完善,补充核心数据和情感体验,便能让文案更加符合需求。

因此，如前言所言，文案创作者需要时刻谨记，对 AI 一定要持审慎态度：AI 是为我们服务、受我们驾驭的工具。文案创作者需要通过对 AI 进行精准的指导，与 AI 携手创作令人满意的文案。

2.2.4 头尾呼应，二次触达用户

头尾呼应作为一种文案写作的经典手法，其核心在于使文案的开头与结尾形成有机的联系和呼应。这种手法的运用，不仅能够在文案的结尾处画龙点睛，升华主题，更能通过主线将文案内容串联起来，引导用户跟随主线更加深入地阅读文案，激发共鸣。

要实现头尾呼应，二次唤醒用户，可采用以下几个简单而有效的方法。

（1）问答式：开头部分通过提问引发用户思考，而在结尾处则给予明确、有力的回答，形成完整的思考闭环。

（2）递进升华式：开头部分展示现象或情境，而在结尾时则通过深入的分析和观点递进，将文案推向高潮，实现主题的升华。

（3）重复关键词式：在文案的开头和结尾部分，使用不同的文字表达相同的核心观点或重复使用关键词，从而强化用户的印象和引起共鸣。

（4）总分总式：开头部分对文案内容进行总体概述，中间部分则逐一分析细节，而在结尾时进行总结归纳，形成完整的论述结构。

文案创作者可以根据实际需要，选择性使用这 4 个方法。当然，我们也可以把这 4 个方法整合在一个提示词模板中，并代入具体案例，借助 AI 一次性获得 4 种结尾。

【头尾呼应模板】

你是一名知名广告文案高手（给 AI 的定位），我需要你运用严谨的逻辑，发挥创意，为开头 ××× 补充一个画龙点睛的结尾，请根据以下 4 种技巧，撰写 4 种结尾。

1. 问答式：开头提出问题，结尾回答问题。

2. 递进升华式：开头提出现象，结尾递进实现主题的升华。

3. 重复关键词式：开头和结尾用不同的文字表达同样的观点。

4. 总分总式：开头总体分析，中间各自分析，结尾进行归纳。

每个结尾控制在 ×× 字以内。

代入模板，直接向 AI 提问：

你是一名知名广告文案高手，我需要你运用严谨的逻辑，发挥创意，为以下开头补充一个画龙点睛的结尾。开头内容为："你是否也有这样的困惑：读了很多书，但感觉收获甚微？今天，我要分享几个有效阅读的方法，帮助你在阅读中实现质的飞跃！"

请根据以下 4 种技巧，撰写 4 种结尾。

1. 问答式：开头提出问题，结尾回答问题。

2. 递进升华式：开头提出现象，结尾递进实现主题的升华。

3. 重复关键词式：开头和结尾用不同的文字表达同样的观点。

4. 总分总式：开头总体分析，中间各自分析，结尾进行归纳。

5. 每个结尾控制在 100 字以内。

AI 的参考答案：

结尾 1：问答式

你是否曾困惑于读了很多书却收获甚微？今天，这里为你提供了有效阅读的秘诀。现在，你是否已经准备好，用这些方法来提升阅读质量，让每本书都物超所值？记住，方法对了，阅读便不再是无用功。

结尾 2：递进升华式

从"读了很多书但收获甚微"到"实现阅读质的飞跃"，关键在于方法和策略。通过今天分享的技巧，我们不仅能提升阅读效率，更能培养深度思考和领悟能力。从此，阅读不再是无目的的浏览，而是心灵的滋养和智慧的积累。

结尾 3：重复关键词式

读书多却收获少？不必再迷茫。今天，我为你带来了实现阅读质的飞跃的钥匙。用对方法，每本书都能成为你成长的阶梯。从"收获甚微"到"质的飞跃"，只需一步之遥。

结尾 4：总分总式

开篇我们探讨了阅读收获的问题，中间分享了有效阅读的方法。现在，让我们总结一下：正确的阅读方法是实现阅读质的飞跃的关键。希望这些技巧能帮助你更好地吸收知识，让每一本书都成为你成长的助力。

尽管我们掌握了一些写作技巧，但若没有丰富的知识储备，也难以充分发挥 / 写作技巧的效用。而 AI 写作工具却拥有显著的优势，在精准的提示词模板指导下，能够一次性生成多个符合预期的结尾。这充分证明了 AI 写作工具是文案创作者的强大助手，能够帮助我们更加高效、精准地完成写作任务。

2.3　经典文案变 AI 模板，高效创作文案

经典文案往往遵循一定的模式或框架。我们将 5 种经典文案结构转化为提示词模板，方便读者能够利用 AI 的力量，高效创作出令人印象深刻的文案。

2.3.1　"卖点 + 利益点"：好处一眼看得见

怕上火

喝王老吉

小米

为发烧而生

这二则广为人知的广告文案，巧妙运用了"卖点 + 利益点"这一经典的文案结构。其核心理念在于，通过明确的承诺，向用户展示产品如何精准解决他们的实际问题，并直观展现其所能带来的实际好处和利益。这种结构之所以备受欢迎，是因为它具备以下显著优势。

（1）直击用户的核心需求：通过精准捕捉用户的真实痛点，广告文案能够迅速吸引用户的注意力，并激发他们解决问题的渴望。

（2）明确传达产品价值：清晰地阐述产品所能提供的实际利益，让用户一目了然地了解购买产品后所能获得的具体好处。

（3）激发用户的情感共鸣：除了解决痛点和提供利益外，优秀的"卖点 + 利益点"文案还能触发用户的情感，激发用户的共鸣，从而增强产品与用户之间的联系。

这些要素看似简单，如果想要真正以精练且富有吸引力的方式将其表达出来，却需要一定的技巧与深思熟虑。我们可以灵活运用以下模板来助力表达。

【利益点直观模板】

你是一名知名广告文案创作高手（AI 定位），请撰写 3 则"卖点 + 利益点"结构的广告文案，最大限度地激发用户的购买欲望。

1. 文案前半部分呈现：直击用户需求的产品卖点。

2. 文案后半分部呈现：用户能获得的直观利益。

3. 要求文案重点体现产品能为用户解决痛点并带来利益。

4. 文字精准，每句在 ×× 字左右。

举例：×× 牌家用划船机的卖点为：小巧静音，可以给用户带来运动新体验，可用于全身有氧运动。其利益点为：可以让全身的 80% 的肌肉得到锻炼。

代入模板，直接向 AI 提问：

你是一名知名广告文案创作高手，请撰写 3 则"卖点 + 利益点"结构的广告文案，最大限度地激发用户的购买欲望。

1. 文案前半部分呈现：×× 牌家用划船机的卖点是小巧静音、可用于全身有氧运动。

2. 文案后半部分呈现：在家就能有效锻炼全身 80% 的肌肉，带来显著健身效果。

3. 文案要侧重体现产品能为用户解决痛点，带来利益。

4. 文字精准，每句在 20 字左右。

AI 的参考答案：

> 1. ××牌家用静音划船机，锻炼全身 80% 的肌肉。
> 2. ××牌家用划船机小巧静音，全面锻炼 80% 的肌肉。
> 3. ××牌家用划船机，小巧静音，锻炼全身 80% 的肌肉，健身效果明显。

AI 为我们提供的这 3 句文案，不仅简洁清晰，更巧妙地展现了"卖点 + 利益点"的结构优势。文案精准地凸显了产品的独特卖点，为我们提供了极具创意的灵感基础。

2.3.2 "内容 + 人群标签"：精准高效，洞察用户心声

"内容 + 人群标签"的文案结构，非常适合用户画像精准的品牌和产品，能非常高效地触达精准人群。人群标签，指的是用户的基本属性，如年龄、性别、居住地、职业、个性、喜好等。这一文案结构能够让用户产生"产品为我量身定做"的感觉。

例如，对于"时尚美妆心得分享，专为年轻女性打造的潮流指南"这则文案，我们可以继续细化人群标签，人群标签越细化，越能精准对标用户：

"时尚美妆心得分享，专为 90 后职场女性打造的潮流指南"；

"时尚美妆心得分享，专为 18~25 岁年轻女性打造的潮流指南"；

"时尚美妆心得分享，专为潮流宝妈打造的潮流指南"。

要高效触达用户，内容和人群标签就要十分精准。这里推荐一个公式——群体特征 + 某类群体，这个公式能促使用户"对号入座"。

使用这个公式时，需要注意以下两点。

（1）根据产品卖点归纳出群体特征。

(2)确定目标用户后,尽可能细化标签。

我们可以将这个底层逻辑转化为提示词模板,向 AI 提问,获得创意文案。

【人群精准触达模板】

你是一名知名广告文案创作高手(给 AI 的定位),请撰写 3 则"内容 + 人群标签"结构的广告文案。

1. 文案前半部分呈现:细致的群体特征。

2. 文案后半分部呈现:符合群体特征的产品卖点。

3. 要求文案重点突出代入感,让用户有"产品为其量身定做"之感。

4. 文字精准,每则文案在 × × 字左右。

举例:请为一个专门为小个子女生服务的衣服品牌,撰写一条简洁的广告语。

代入模板,直接向 AI 提问:

你是一名知名广告文案创作高手,请撰写 3 则"内容 + 人群标签"结构的广告文案。

1. 文案前半部分呈现:目标用户是身高在 145 ~ 155cm 的爱

时尚的女生。

2. 文案后半部分呈现：专门为小个子女生准备美衣。

3. 要求文案重点突出代入感，让用户有"产品为其量身定做"之感。

4. 文字精准，每则文案在 20 字左右。

AI 的参考答案：

1. 145~155cm 女生的专属魅力，为时尚小个子女生量身打造的潮流美衣。

2. 145~155cm 女生的专属美衣，时尚不失风格，等你来挑。

3. 专为 145~155cm 的时尚女生设计，美衣让你秒变焦点。

显然，AI 所创作的这 3 则文案完成度很高，针对目标用户提供了精准的内容服务，也为文案创作者提供了极佳的创意方向。

2.3.3 "痛点 + 解决方案"：一击即中，解决难题不费力

"痛点 + 解决方案"是一种极为有效的文案策略，其精髓在于精准捕捉目标用户的核心痛点，并为他们提供有针对性的解决方案。

以东鹏特饮为例，其广告语"累了困了，喝东鹏特饮"直击用户在日常生活中的实际需求，从而赢得了市场的青睐。

要有效地抓取用户的痛点，可以从以下几个方面深入思考。

（1）补偿心理：用户在面对某一方面的缺失或失落时，会试图通过

体验某种产品或服务来补偿自己或补偿他人，以此弥补心理上的不平衡或不满足。

（2）困难心理：在日常生活中，用户在使用某类产品时可能会遭遇令人头疼的问题。这些问题不仅影响了用户的使用体验，还可能导致他们对产品产生不满。

（3）从众心理：用户往往希望自己能够融入群体，拥有与他人相似的生活方式和物品。当发现自己缺乏某些他人拥有的东西时，从众心理就会驱使他们寻找解决方案。

（4）遗憾心理：当用户意识到自己有更好的选择机会或超越他人的可能性时，会产生遗憾心理。这种心理促使他们寻求能够弥补遗憾的产品或服务。

（5）自厌心理：有些用户可能对自己的某些方面感到不满，渴望改变现状。这种自厌心理为产品和服务提供了改进和优化的空间。

归根结底，想要实现"一击即中"，我们要做到以下两点。

（1）找到区别于竞品的产品卖点。

（2）将目标用户的痛点具体化、细节化。

了解"痛点 + 解决方案"文案策略后，归纳出的提示词模板如下。

【直戳痛点模板】

你是一名知名文案创意专家（给 AI 的定位），请充分发挥你的洞察力和创意，为 ×× 品牌产品撰写 ×× 句"痛点 + 解决方案"结构的广告文案。

1. 表达出用户的场景，尽量描述得具体化、细节化。

2. 精准表达出产品卖点能完美解决用户痛点，满足用户需求。

3. 要求文案内在逻辑符合用户的补偿 / 困难 / 从众 / 遗憾 / 自厌心理，体现出 ×× 品牌产品卖点能很好地解决用户痛点的好处，由此激发用户购买欲。

4. 每则文案在 ×× 字左右，语言精准，有金句。

举例，×× 牌小金条口红，可呈现哑光妆效，区别于竞品的核心卖点是持久不掉色、防水不沾杯，能够解决用户口红沾杯很尴尬的痛点，请撰写 3 则广告文案。

在提问 AI 之前，我们先思考了一则文案（花费 30 分钟）：

口红沾杯好尴尬，×× 牌小金条口红，防水不沾杯，持久不掉色

我们再把案例代入模板，直接向 AI 提问：

×× 牌小金条口红，可呈现哑光妆效，区别于竞品的核心卖点是持久不掉色、防水不沾杯，能够解决用户口红沾杯很尴尬的痛点。如果你是一名知名文案创意专家，请充分发挥你的洞察

力和创意,为 × × 牌小金条口红撰写 3 则广告文案,满足以下要求。

1. 表达出用户用口红的痛点:吃东西掉色,喝水易沾杯,社交很尴尬。

2. 精准表达出 × × 牌小金条口红的核心卖点能完美解决痛点:持久不掉色、防水不沾杯。

3. 要求文案内在逻辑遵循用户在使用口红时"口红掉色、喝水沾杯"的困难心理,体现出"× × 牌小金条口红的核心卖点"能针对性解决"口红掉色、喝水沾杯"痛点,由此激发用户购买欲。

4. 每则文案在 20 字左右,语言精准,有金句。

AI 花费了数秒内给出的参考答案:

1. 唇色如初,杯边无痕。× × 牌小金条口红,终结沾杯尴尬。

2. 持久不褪色,喝水不沾杯。× × 牌小金条口红,美唇每刻都完美。

3. 杯上无痕,唇间有色,× × 牌小金条口红,优雅每一刻。

显然,这 4 则文案都凸显了用户使用口红时遇到的尴尬,并精确地传递了 × × 牌小金条口红能够完美解决这一痛点的信息。其表述清晰易懂,便于记忆,能迅速捕获目标客户的兴趣。

在这 4 则文案中,AI 创作的第 1 则和第 2 则文案在创意性、简洁性和吸引力上更胜一筹。更厉害的是,这些文案是 AI 在数秒内生成的结果。

这充分说明如果我们掌握了运用 AI 写作工具的技巧，AI 写作工具无疑将成为文案高效产出的强大助力。

2.3.4 **AIDA 公式：从引起注意到促成转化，AI 驱动营销成功**

常有文案新手询问，文案的核心目的是否在于促进销售，是否有直接促进转化的结构模板。那就必须为大家推荐一个非常实用的结构模板——AIDA 公式。

这个公式是由美国广告学家艾里亚斯·路易斯提出的消费者行动模型：

● A 代表 Attention（注意力），意味着首先要吸引潜在用户的注意力；

● I 代表 Interest（兴趣），即利用产品的特性或亮点来激发用户的兴趣；

● D 代表 Desire（欲望），意在激发用户的购买欲望；

● A 则是 Action（行动），旨在促使用户做出购买决策并采取实际购买行动。

我们把 AIDA 公式背后的逻辑，融入提示词模板中，让 AI 助力我们高效撰写高转化文案。

【AIDA 转化模板】

你是一名爆款文案创作者（给 AI 的定位），请充分发挥你的文字促单能力，为 ×× 产品撰写一段 ×× 字左右的朋友圈文案，请严格按以下结构和要求撰写。

第一段：通过 ××（用户痛点 / 热门话题）等众人感兴趣的话题 / 问题，引起用户注意。

第二段：顺着以上话题 / 问题深度讨论，引起用户好奇，激发用户兴趣。

第三段：插入产品卖点引出答案，激发用户下单欲望。

第四段：设计 ××（限时特惠 / 折扣优惠）营造紧迫感，引导用户即刻下单购买。

朋友圈文案在 ×× 字左右。

举例：为某粗粮撰写软文，这款粗粮的特点是低脂、低糖、低淀粉，还富含高纤维碳水化合物，是非常有助于人体健康且助力减脂的食品。这款粗粮还有故事，20 世纪 80 年代美国宇航局为宇航员选太空食品，要寻找一款满足人体基本营养需求的食物，最后找到的就是这款粗粮，它被联合国称为十分适宜人类的全营养食品。

代入模板，直接向 AI 提问：

你是一名爆款文案作者，请充分发挥你的文字促单能力，为某粗粮撰写一段 300 字左右的朋友圈文案，请严格按以下结构和要求撰写。

第一段：用"减脂"这种热门话题，引起用户注意。

第二段：沿着"有效减脂促健康"，深入讨论话题，激发用户兴趣。

第三段：引出"粗粮换米饭"式健康轻松减脂法，成功激发用户的下单欲望，在这一段插入某粗粮的产品卖点：这款粗粮的特点是低脂、低糖、低淀粉，还富含高纤维碳水化合物，是非常有助于人体健康且助力减脂的食品。这款粗粮还有故事，20世纪80年代美国宇航局为宇航员选太空食品，要寻找一款满足人体基本营养需求的食物，最后找到的就是这款粗粮，它被联合国称为十分适宜人类的全营养食品。

第四段：借助"会员日买一送一"限时优惠，营造紧迫感，引导用户即刻下单。

朋友圈文案在 300 字左右。

AI 给出的参考答案：

听说小王为了减脂，天天啃黄瓜，一个月下来虽然瘦了点，但整个人都萎靡不振了。其实啊，减脂不是饿肚子，而是要健康减脂！

想要健康减脂，得选对食物。

高纤维、低脂肪的食物是首选，能让你在保持身材的同时，也精力充沛。

说到这，就不得不提某粗粮了。它低脂、低糖、低淀粉，还富含高纤维碳水化合物,简直是减脂的好帮手。你知道吗? 这款粗粮来头不小,其在 20 世纪 80 年代就被美国宇航局选为太空食品,还被联合国誉为全营养食品呢!

现在会员日特惠,买一送一! 机会难得,赶紧把健康与好身材都带回家吧! 别再犹豫了,库存有限,先到先得哦! 快来尝尝这款宇航员都在吃的粗粮,让你的减脂之路更加轻松愉快!

可以说,**AI** 数秒打造的这段朋友圈文案质量上乘。它以一个简短、内容风趣且代入感十足的减脂故事开篇,巧妙地吸引了用户的注意力;结尾处的促销策略能有效促使用户下单。假若我们能提供更多产品信息,或摆脱字数束缚,相信 **AI** 能够提供更为丰富的创意,带来更好的文案。

第 3 章

AI 辅助创作，让文案

脱颖而出

AI 创作标题、开头、结尾和金句的能力非常强，能为文案创作者带来无限灵感。

3.1 AI 写出好标题

在文案创作中，标题的重要性不言而喻。即便选题和内容俱佳，标题若缺乏特色，作品就会黯然失色。

3.1.1 8 种经典标题，AI 轻松套用

文案标题虽然千变万化，但爆款标题背后却遵循着同样的底层逻辑。本小节分享 8 种最为经典的标题，并进一步提炼成实用的提示词模板。

借助这些模板，AI 能够发挥大数据分析能力，辅助文案创作者迅速撰写出众多包含"爆点"要素的标题，提升创作效率，同时为内容赋能。

（1）提出问题，引起兴趣。

这种标题通过抛出问题来吸引用户的注意力。问题应该与用户的兴趣相关，能够激发他们寻找答案的欲望。

例如：他是怎么做到发朋友圈就月入过万元的？

分析：通过提问吸引用户。这个问题涉及大众普遍关心的财富话题，因此很容易引起用户兴趣。

（2）借助名人，增加信任。

借助名人的知名度，增加文案的可信度和说服力，让用户产生信任感，从而更容易接受文案传达的观点和信息。

例如：秋叶大叔说，成功的人都有一个秘诀，你知道吗？

分析：借助知名人物秋叶大叔的影响力，可以增加内容的可信度和吸引力。大众往往更容易相信或接受知名人士的观点和建议，因此，

这种策略有助于增强文章的说服力。

（3）话说一半，留下悬念。

通过不完全揭示信息或不说完故事来制造悬念，这种悬念可以激发用户的探索欲望，促使他们继续阅读以获取完整的信息或故事。

例如：真正伤害孩子的，不是错误育儿，不是撒手不管，而是……

分析：真正伤害孩子的到底是什么？这个未揭示的悬念很容易勾起家长的好奇心，他们通常会点击标题继续阅读，以便寻找到真正的答案。

（4）"热点 + 观点"，借助热度。

结合当前的热门话题或事件，来分析自己的创作内容。同时借助热门话题或事件的流量，吸引大量关注同类话题的用户，并通过提供独特的观点和分析来增强内容吸引力。

例如：36 岁下岗收费大姐哭诉和 83 岁奶奶应聘阿里：不懂学习的人，正在被时代淘汰。

分析：这个标题巧妙地将"36 岁下岗收费大姐"的职业困境与"83 岁奶奶应聘阿里"的励志故事进行对比，凸显了职场变革与老年人积极融入科技发展的社会现状，同时以"不懂学习的人，正在被时代淘汰"的鲜明观点，强调了终身学习的紧迫性和必要性。

（5）巧用数字，精准触达。

数字具有精确和量化的特点，可以让用户更直观清晰地理解文案创作者的意图和所表达的观点。

例如：任正非讲话，48 秒，230 字，却值得每个中国人反思。

分析：通过具体数据"48 秒"和"230 字"，极大激发了用户的好奇心，引起关注，同时，数字的使用也增加了文章的说服力和可信度。

（6）痛点场景，情感共鸣。

通过描述一个具有普遍性的痛点场景或困境，激发用户的情感共鸣。

例如：撑过去，没有一个冬天不可逾越。

分析：这个场景涉及大众普遍会经历的困难和挑战，让用户感同身受，从而产生共鸣。

（7）逆向思维，突破常规。

通过打破常规思维，提出与众不同的看法或建议来吸引用户的注意力。

例如：如果你是普通人，那你就强过很多人……

分析：这种逆向思维打破了人们对"普通人"的常规认知，引发用户思考和讨论，从而增强了内容的吸引力和影响力。

（8）对比突出，吸引用户。

通过对比不同的情况、人物或观点来突出差异，从而吸引用户。对比可以突出文案主题，并帮助用户更清晰地理解文案观点或建议。

例如：单亲妈妈培养出 3 个博士后——有远见的父母在偷偷做这件事。

分析：案例中通过突出"单亲妈妈"与"3 个博士后"之间的差异来强调其独特的育儿方式。这种对比突出了单亲妈妈的成功和远见，吸引了用户注意。

我们把 8 种经典标题融入提示词模板中。

【8 款经典标题一键生成模板】

你是一名知名媒体编辑（给 AI 的定位），文章的标题是"3 个技巧让你顺利涨薪"，请按照以下方式改写标题，每个标题在 20 字左右。

1. 提问引起兴趣：用问题引起读者的兴趣，引导他们探索答案。

2. 借助名人：借助名人效应，提高文案的可信度。

3. 悬念吸睛：留下未解之谜，激发读者的探索欲。

4. 借助热点：结合时事热点，提供独到见解，吸引关注。

5. 用数字说话：用精确数据传达信息，提升说服力。

6. 情感共鸣：触发读者情感，建立心灵连接。

7. 逆向思维：打破常规，提供新颖视角，引人深思。

8. 对比突出：利用对比强调差异，突出主题。

AI 给出的参考答案：

1. 提问引起兴趣：为什么他们总是能涨薪？揭秘背后的秘密。

2. 借助名人：巴菲特也赞同的加薪策略，你知道是什么吗？

3. 悬念吸睛：涨薪，只差这最后一步，你敢试吗？

4. 借助热点：远程办公潮流下，三招助你线上涨薪。

5. 用数字说话：仅需 3 步，90% 的人都成功加薪了！

6. 情感共鸣：“告别月光族，这 3 个技巧助你实现涨薪梦”。

7. 逆向思维：不涨薪？试试这 3 个反常规技巧。

8. 对比突出：普通员工与高效人士，涨薪的秘诀竟是这 3 点。

该提示词模板表现出色，AI 提供的 8 个标题达到了预期目标，文案创作者可以依据文案的发布时间和平台特性，进行细致分析，从而挑选出最佳标题。

3.1.2　5 类标题热词，提升文章点击率

继续优化标题“3 个技巧让你顺利涨薪”，优化后的标题如下所示。

“哇！揭秘涨薪的 3 大绝招！”

“快看！涨薪的 3 个技巧！”

“别错过！必学的 3 个涨薪技巧！”

“独家曝光！少数人掌握的涨薪秘诀！”

“揭秘：3 个涨薪绝招，你不可不知”

这些标题让人迫不及待地想要点击。其实，这些标题皆含有极其简单却又能带来流量的标题热词。

何为标题热词？

每个标题都是由数个关键词组成的。例如，在标题“2 分钟搞定文案大纲？这个鲜为人知的技巧，今天为你揭秘”里，“文案大纲”“技巧”“鲜为人知”“揭秘”都是标题关键词。

这些关键词能起到以下两个作用。

作用一：能勾起用户的好奇心。

作用二：使用户更容易搜索到标题。标题热词就是"热门关键词"，其自带流量，更容易吸引用户注意。

文案标题的核心作用就在于勾起用户的好奇心，吸引用户点击标题浏览正文。因此，在标题中巧妙嵌入"热门关键词"就显得特别重要。

标题热词的使用，有两个注意事项：

（1）标题热词能迅速勾起用户的好奇心；

（2）标题热词与标题的主题一致。

常用的标题热词可以分为以下几类。

（1）传达情绪的词语：使用这类词语能够迅速激发用户的情绪共鸣。

（2）营造紧迫感的词语：这类词语可以让用户感受到紧迫感，从而促使他们立即采取行动。

（3）营造出"必看"的必要性的词语：这类词语能够让用户觉得如果不点击查看就会错过重要信息。

（4）营造出"只有少数人知道"感觉的词语：使用这类词语可以让用户觉得自己即将获取稀缺的信息。

（5）以揭露秘密的方式激起用户好奇心的词语：这类词语能够唤起用户的好奇心，让他们渴望了解更多。

我们可以把这些词语归纳成提示词模板，只须将想要优化的标题输入，AI 就能高效地为你生成一系列热门标题。本小节开头的案例中的标题，即通过这个提示词模板在几秒内生成的。

【提升文章点击率热词模板】

你是一名知名媒体编辑，文章的标题是"3 个技巧让你顺利涨薪"，请按照以下方式进行改写，每个标题不超过 20 字。

1. 增加传达情绪的词语，能在最短时间内带动用户的情绪。
2. 增加营造紧迫感的词语。
3. 增加营造出"必看"的必要性的词语。
4. 增加营造出"只有少数人知道"感觉的词语。
5. 以揭秘方式激起用户好奇心的词语。

在某种程度上，这些标题热词营造了一种"再不看就可惜了"的紧迫感，激发并放大了用户的好奇心。根据"标题决定点击率"的原则，标题热词能够带来流量，提高标题点击率。这些标题热词可以根据标题需求，直接使用。

通过上面提炼的提示词模板，AI 可以高效生成多个热门标题。

3.1.3　AI 万能指令，创作心仪的热门标题

除了使用固定的提示词模板来创作热门标题，我们还可以通过一些万能指令，让 AI 为文案创作者量身定制热门且符合个人喜好的标题。

文案创作者将"源头素材的筛选、归纳、学习、模仿"等关键步骤，有的放矢地"喂"给 AI 写作工具。通过这种精准投放，文案创作者能

够获得符合期望的文案。

万能指令可以分为 3 个步骤发送给 AI，其对应的提示词模板如下。

【爆款标题万能指令】

第一句发给 AI 的指令：

你是一名知名媒体编辑，我会给你发送 10 个公众号文章热门标题，请你学习并总结这些热门标题句式的特征，明白吗？在我发送之前，请你别自由发挥。

AI 的回答：

当然可以。我会等待你发送的公众号热门标题句式，并在学习之后为你总结这些热门标题句式的特征。请你随时发送，我这边已经准备好接收和学习。

第二句发给 AI 的指令（发送 10 个你喜欢 / 想要的公众号文章热门标题）：

1. 如何在无趣的世界里，做一个有趣的人？
2. Sora 问世，这个世界彻底变了：谁将彻夜难眠？谁将彻底失业？

3. 你的理解层次，决定了你的人生高度。

4. 董宇辉：逆境时多读书，顺境时多做事。

5. 如果孩子不想读书，寒假请带他看这部影片：没有选择的人生，到底有多可怕。

6. 一场饭局让我顿悟：没有规矩的家庭，比贫穷更可怕。

7. 余华：孩子的关键 10 年，这件事比成绩更重要。

8. 你正在读的书，暴露了你的品位。

9. 与人相处，反着人性来，你就赢了。

10. 人生最好的活法：能自律，常自省，懂自愈。

AI 的回答：

我已经学习了你提供的信息，请你继续提供相关的内容。接下来，我会根据你给出的这 10 个公众号文章热门标题，来总结它们的特征。

公众号文章热门标题特征总结如下。

1. 引起好奇心：如"如何在无趣的世界里，做一个有趣的人？"和"Sora 问世，这个世界彻底变了：谁将彻夜难眠？谁将彻底失业？"都通过提问或描述一个未知情境来激发读者的好奇心，使他们想要点击并阅读。

2. 强调结果或影响：标题中经常包含一种结果导向的思维方式，

比如"你的理解层次，决定了你的人生高度"和"人生最好的活法：能自律，常自省，懂自愈"，它们都在强调某个行为或特质将如何影响读者的人生。

3. 名人效应：利用知名人物来吸引读者注意，如"董宇辉：逆境时多读书，顺境时多做事"和"余华：孩子的关键 10 年，这件事比成绩更重要"，这些标题借助名人的影响力来吸引读者。

4. 情感共鸣：标题触及读者的情感点，比如"如果孩子不想读书，寒假请带他看这部片：没有选择的人生，到底有多可怕"和"一场饭局让我顿悟：没有规矩的家庭，比贫穷更可怕"，它们通过描述一种情感场景或经历来引起读者的共鸣。

5. 反常识或挑战传统观念：提出与常规思维相反的观点，如"你正在读的书，暴露了你的品位"和"与人相处，反着人性来，你就赢了"，这些标题挑战了读者的固有认知，激发了他们的思考欲望。

6. 实用建议：提供具体、实用的建议或方法，如"人生最好的活法：能自律，常自省，懂自愈"，直接告诉读者如何去做，具有很强的指导性和实用性。

7. 简洁明了：尽管这些标题包含丰富的信息，但它们都表达得简洁明了，没有冗余的词汇或复杂的句子结构，使读者能够迅速理解并产生阅读兴趣。

综上所述，一个成功的公众号文章热门标题往往能够结合多种特征，既引起读者的好奇心和情感共鸣，又提供实用建议或挑战传统观念，同时借助名人效应和简洁明了的表达方式来吸引读者点击和阅读。

第三句发给 AI 的指令：

很好，现在，请你按照以上总结的标题特征，以"在任何关系里都不要做廉价的人"为主题，生成 10 个符合以上特征的标题。

AI 的参考答案：

以下是根据你提供的特征和主题定制的 10 个公众号文章标题：

1. 别做情感乞丐！如何在关系中保持自我价值？

2. 廉价的爱，只会让你贬值：关系中的高情商法则。

3. 心理学家张德芬告诉你：为什么你不该在爱情里做那个廉价的人。

4. 不做感情的配角，只做生活的主角：如何避免在关系中失去自我？

5. 关系中的黄金法则：永远不要让自己看起来太容易得到。

6. 你值得被珍惜，而不是被轻视：如何建立健康的人际关系。

7. 别让自己成为关系中的"便宜货"：保持魅力的秘诀。

8. 为爱妥协是伟大，但为自己而活更重要：关系中的自我保卫战。

9. 心理学揭秘：为什么在关系中做"好人"往往会让你受伤？

> 10. 不做廉价人，感情才高贵：让爱情与尊严并存的艺术。
>
> 这些标题借鉴了你给出的标题，同时融入了新的主题"在任何关系里都不要做廉价的人"，旨在引起读者的思考和情感共鸣，并激励他们采取行动改善自己的人际关系。

AI 根据我们的需求创作的这 10 个标题，不仅远超预期，更充分展现了 AI"万能指令"的强大效能。这一指令不仅极大地节省了学习时间，更为我们留下了宝贵的思考空间，让我们得以更加深入地挖掘创作潜力，创造出更具影响力的作品。

3.2 AI 写出好开头，让用户欲罢不能

出色的标题能够激发用户好奇心，驱使用户点击并阅读文章；而一个引人入胜的开头则能深深吸引用户注意力，让他们渴望将文章一读到底。

本节针对性归纳出提示词模板，借助 AI，高效创作出令用户沉浸其中的开头。

3.2.1 故事导入，引发好奇

她是个水果控，每次吃到新鲜的水果都能让她心情大好。

可是，忙碌的工作让加班成了家常便饭。每每夜归，市场上的新鲜水果早已被抢购一空，留给她的只有那些干瘪的、打折的处理水果。那

种失望，就像被浇了一盆冷水。

直到有一天，她遇到了 × 牌冰箱。这台冰箱就像是个贴心的管家，无论何时回家，打开冰箱，总能吃到如刚从果园摘下的新鲜水果，每一颗都保持着最初的鲜美。下班后的疲惫和失落，在一口咬到那新鲜的水果时，瞬间烟消云散。

× 牌冰箱，永远为你保鲜。

这个故事如何？虽然其核心是 × 牌冰箱的广告，但"她"的亲身经历无疑增添了几分引人入胜的魅力。你是否也被她的故事感动。

这正是文案中常用的"故事导入"手法，旨在引发用户好奇心，引导他们继续阅读下去。这个既引人入胜又巧妙融合产品卖点的故事，是由 AI 根据精心设计的提示词模板生成的。现在，就为大家揭晓这个神奇的模板。

【故事导入模板】

你是一名创意广告专家，非常擅长讲故事引出产品，请为 ×× 产品撰写一个激发用户好奇心的开头，要满足以下要求。

1. 故事角色经历描述：描述人物遇到产品前后反转的经历。

2. 要求细致描绘用户痛点，呈现画面感，引发用户共鸣。

3. 要求故事自然融入产品的核心卖点。

4. 故事结尾自然过渡到产品，体现人物遇到产品后，情绪从负面到正面的转变。

5. 口语化，×× 字左右。

举例：×牌冰箱要求撰写一篇故事文案，冰箱的核心卖点是"保鲜"，征集到的用户使用反馈是，总加班到深夜的她喜欢吃新鲜水果，却没时间购买，幸好有了 ×牌冰箱，随时随地都可以吃新鲜水果，请根据这个用户反馈案例，撰写一篇故事开头。

你是一名创意广告专家，非常擅长讲故事引出产品，请为 ×牌冰箱撰写一篇激发用户好奇心的开头，要满足以下结构和要求：

1. 故事角色经历：她爱吃新鲜水果，总加班夜归的她却只能买些打折水果。

2. 要求故事细致描绘用户痛点，呈现画面感，激发出用户的共鸣感。

3. 要求故事自然融入冰箱卖点：为你保鲜，×牌冰箱永远在。

4. 故事收尾自然过渡到"下班后的疲惫和失落，在一口咬到那新鲜的水果时，瞬间烟消云散"。

5. 口语化，200 字左右。

在短短不到 3 秒的时间内，AI 就为我们呈现了本小节开头那篇饱含生动细节和画面感的"她"故事，这无疑是令人欣喜的。之所以能够取得如此出色的成果，是因为我们精心设计了提示词模板。

这个模板巧妙地融入了"故事导入"的核心逻辑，确保了 AI 在创作时能够准确把握故事的走向和重点，从而生成既吸引人又富有说服力的内容。

当然，尽管有 AI 的辅助，我们仍需深刻理解其背后的逻辑原理，这样才能全面而灵活地运用 AI。"故事导入"开头是指，通过一个能引起用户共鸣的情感故事，让用户产生代入感——"我也遇到了这个问题"，从而引导用户继续阅读，跟着文案去寻找答案，从而提高文案的完读率。

在运用故事导入策略时，以下要点值得特别关注。

（1）故事应呈现鲜明对比。通过角色的经历，展现故事的冲突与波折。

（2）故事需富含细节。可以细致描绘人物的背景、遭遇，以及其所经历的心理变化。

（3）故事结尾应自然过渡至产品介绍。当用户沉浸在故事中时，及时而巧妙地引入产品。

（4）故事是为了引发用户共鸣。故事之后的产品展示和购买引导才是文案的关键所在。

通过这样的精心策划，故事导入开头不仅能够吸引用户的注意力，还能在情感上与他们建立联系，为后续的产品推介和销售转化奠定坚实的基础。

3.2.2　抛出金句，一句吸睛

以金句开头，营造美好而温暖的生活氛围，引起用户的共鸣，也是文案创作者常使用的技巧之一。

要成功抛出金句，可使用以下策略。

（1）通过金句营造温馨且舒适的生活氛围，让用户自然而然地产生身临其境之感。

（2）通过金句向用户描绘一种美好生活方式，激发他们对品质生活的渴望。

（3）通过金句向用户表达积极向上的健康生活态度，引导他们追求更加健康的生活。

（4）在保证语句优美，内涵丰富的前提下，与产品核心价值构建联系。

把以金句开头的逻辑，转化成提示词模板，将案例带入模板，向 AI 提问，获取灵感创意。

【金句吸睛模板】

你是一名热门文案专家，请为 × × 产品撰写吸睛开头，要满足以下要求。

1. 用金句营造产品带来的美好氛围，要让用户有画面感、代入感。
2. 用金句描述产品的品质，激发用户对品质生活的渴望。
3. 用金句将产品卖点与产品价值联系起来。
4. 产品只能在结尾出现，输入你想要的文风，× × 字左右。

举例：某款床上用品四件套需要写推广文案，文案开头需要体现产品品质，且营造美好氛围。

代入模板，直接提问 AI：

你是一名热门文案专家，请为一款床上用品四件套撰写吸睛开头，要满足以下要求。

1. 用金句营造床上用品带来的温暖幸福感，要让用户有画面感、代入感。

2. 用金句描述产品质量，激发用户对品质生活的渴望。

3. 用金句将"床上用品四件套品质好"与"带来好睡眠"联系起来。

4. 产品只能在结尾出现，诗歌风，100 字左右。

AI 给的参考答案：

在夜的温柔里，轻启梦的序章，

一缕缕暖意，织就心间的宁静海洋。

质感如云，每一寸都诉说着品质的优越，

触感之柔，如同第一缕晨光拂过脸庞。

沉醉于这片刻的静谧，

每一丝细节，都是对美好生活的呢喃，

每一寸柔软，都是对品质生活的致敬；

每一次深睡，都是对美好生活的犒赏。

品质床品，不只是享受，更是一场美梦的邀约。

AI 创作的这段开头质量很高，语言优美，金句频出，情感丰富，它巧妙地结合了感官描述、情感共鸣和产品特性，构建了一个温馨、舒适、高品质的睡眠环境。能够吸引用户继续阅读下去。

AI 这个强大的辅助工具，不仅提高了创作效率，还能够通过数据分析和多样化的创意支持，帮助文案创作者提升创作的质量。

3.2.3 利益先行，吸引用户

很多文案会用大篇幅描述产品特性，却不能很好地吸引用户。实际上，比产品特性更重要的是用户使用产品后能够获得的利益，用户更加关注的是这些卖点给他们带来的实际好处。这才是用户真正关心的部分，也是文案需要突出的部分。

以香水为例，其文案不应仅停留在"这款香水的味道很独特"上，而是要深入阐述使用香水后的效果。让用户直接感受到"最实在的利益"，才是文案的精髓所在。

因此，文案开篇便"利益先行"，是吸引用户的极为有效的手段。

在运用这一策略时，需牢记以下几点。

（1）区分产品的核心卖点与用户能从中获得的好处，深入挖掘产品的额外价值。

（2）精准锁定目标用户（即利益相关者），用最直观的方式展示他们能够获得的益处。

（3）确保文案既能吸引用户，也能满足品牌方的需求，实现双方的共赢。

我们把以上这 3 点，归纳为提示词模板。

【利益前置模板】

你是一名热门文案专家，请为 ×× 产品撰写一段"利益先行"的开头，要满足以下要求。

1. 先直接展现使用产品的效果（越详细越好）。

2. 加入细节描写，直观呈现用户能从产品中获得的利益（利益越多越好）。

3. 结尾加入情感描述，激发用户对"如何获得利益"的好奇，自然过渡到产品介绍。

4. 口语化，×× 字以内。

举例："秋叶写书私房课"要写一篇推广文案，开头计划直接报喜。报喜内容有：第 15 期写书私房课结营有 15 位老师成功与出版社签约，而且这些老师大都是没有出书经验的新手作者。他们在参加为期一个月的写书私房课后，顺利实现出书梦。

针对以上素材，让 AI 帮助写一个利益先行的开头。

代入案例，直接提问 AI：

你是一名爆款文案专家（给 AI 的定位），请为秋叶写书私房课撰写一段"利益先行"的开头，要满足以下结构和要求。

1. 第一段展现成果：第 15 期写书课结营有 15 位老师成功与出版社签约。

2. 加入细节描写呈现用户获得利益：新作者学习 30 天顺利实现出书梦。

3. 结尾加入情感描述，激发起用户对签约作者的好奇心，自然过渡到私房课介绍。

4. 口语化，200 字以内。

AI 的参考答案：

你是否也梦想着成为畅销书作者?

心中涌动着无法言说的情感，渴望将那些故事和想法变成铅字，触动读者的心弦?

现在，这个梦想不再遥不可及!

第 15 期秋叶写书私房课结营，有 15 位新作者成功与出版社签约。他们中的很多人都是没有写书经验的新手作者，在私房课学习 30 天后，顺利将梦想化为了现实。

你是否也感到心潮澎湃，想要一探究竟，这些签约作者是如何做到的?

这段文案也相当不错。

AI 根据提示词模板，仅花费数秒就生成如此有吸引力、有说服力的文案，这充分展示了 AI 在文案创作方面的潜力和能力。当然，我们也可以继续优化提示词，训练 AI 生成更有创意的文案。

3.2.4 开门见山，直击痛点

许多新手常常困惑，众多推广文案开篇便直截了当地推销产品，这样的做法会不会招来用户的抵触。

其实，对于一些日常消耗品而言，直接推广的策略颇为有效。文案开头就开门见山，直击痛点，能够很好地激发用户购买欲望。

直击痛点是需要巧妙处理的，有以下几种方式。

（1）精准识别痛点：深入了解目标用户，明确他们最关心的问题是什么。确保准确地指出他们的痛点，这样才能引起他们的共鸣。

（2）直接明了说痛点：避免绕弯子，直接点明用户的痛点。用简单、直接的语言表达，让他们立刻明白文案的内容。

（3）引起紧迫感：强调痛点的严重性和紧迫性，让用户感到解决问题的必要性。可以通过数据、事实或案例来支撑观点，增强说服力。

（4）情感共鸣：使用情感强烈的词汇和描述，触动目标用户内心深处的情感，让他们感受到被理解和支持，从而建立信任。

把这 4 种直击痛点的方式，融入提示词模板。

【直击痛点模板】

你是一名热门文案专家，请为 ×× 产品撰写一段"直击痛点"的开头，要满足以下要求。

1. 第一段：直接明了点出用户痛点。

2. 第二段：用权威数据 / 背书增强用户信任。

3. 文案呈现出紧迫感，让用户感到解决问题的必要性，引出产品核心卖点。

4. 站在关心用户、帮助用户解决痛点的角度进行细节描述，表达对用户的情感抚慰。

5. 口语化，×× 字左右。

举例：某款毛巾需要写推广文案，计划写一个直接展示用户痛点的开头。对于生活中频繁使用但不起眼的毛巾，很多用户其实并不在意购买源。所以该款毛巾的卖点是：这款毛巾是一款 A 类标准抗菌毛巾。因为据《人民日报》的专题报道，大部分毛巾在使用 6 个月后，都含有金黄色葡萄球菌、大肠杆菌等，容易让皮肤长痘，毛孔粗大。

代入模板，提问 AI：

你是一名热门文案专家，请为 ×× 牌 A 类毛巾撰写一段"直击痛点"的开头，要满足以下要求。

1. 第一段：直接明了点出用户痛点：日常使用的毛巾比衣裤还重要，因为毛巾潮湿易生菌，容易导致皮肤长痘、毛孔粗大等问题。

2. 第二段：用权威数据 / 背书增强用户信任：《人民日报》的专题报道称，大部分毛巾在使用 6 个月后都含有金黄色葡萄球菌、大肠杆菌等。

3. 文案呈现出紧迫性，让用户感到解决问题的必要性，引出 ×× 牌 A 类毛巾的核心卖点：A 类抗菌毛巾，守护皮肤健康。

4. 站在关心用户、帮助用户解决痛点的角度进行细节描述，表达对用户的情感抚慰。

5. 口语化，200 字左右。

AI 的参考答案：

洗脸、洗澡、擦手，毛巾每天与你的皮肤亲密接触，它的清洁程度直接关乎你的肌肤健康程度。但你知道吗？潮湿的毛巾是细菌滋生的温床，皮肤长痘、毛孔粗大或许就是它们在作怪。《人民日报》专题报道指出，多数毛巾在使用 6 个月后都藏有金黄色葡萄球菌、大肠杆菌等有害菌种。这不只是一块毛巾的问题，这是关乎你的健康的大事！

别担心，××牌 A 类毛巾来了！专为解决这一痛点而生，它的核心卖点就是抗菌。每一次触摸，都是对肌肤的呵护；每一次使用，都是对健康的投资。

尽管痛点素材和核心信息是我们提供的，但 AI 创作的文案还是很不错的。

若在提示词模板的基础上，我们进一步补充产品细节与推广方向，AI 无疑将为文案创作者提供更丰富的灵感。

3.3　AI 打造有力结尾，为用户注入强心剂

好开头能够吸引用户，好结尾则能让用户体验感良好。

3.3.1　提出建议：临门一脚，号召用户

文案的核心，始终在于激发购买行为。无论标题多么吸引眼球，开篇多么扣人心弦，用户评价多么感人至深，它们都服务于一个目的：将产品的独特卖点深植于用户的心中，引发共鸣，激起购买欲望。当用户的情绪

被逐步引导至高潮，结尾部分的"临门一脚"促成交就显得至关重要。

"提出建议"是文案中最常见的收尾策略，它可以从以下 4 个维度促使用户下单。

（1）从价格优势出发，鼓励用户抓住时机，尽快下单。

（2）从产品质量出发，建议用户亲自体验产品的卓越性能。

（3）从产品限时性出发，催促用户迅速行动，抢占先机。

（4）结尾可以直接建议，也可以委婉建议，可通过"仅剩名额、限量发售"等词语，建议用户抓住机会，促成购买行为。

根据这 4 个维度，整理出提示词模板，代入具体案例，即可撰写出"建议类"文案。

【促转化率模板】

你是一名知名销售文案专家（给 AI 的定位），非常擅长促单转化，请为 ×× 产品文案撰写一段促单结尾，要满足以下要求。

1. 从价格优势出发，突出产品价格优惠。

2. 从产品质量出发，建议用户抓住 ×× 产品卖点给用户带来利益的机会。

3. 从限时性出发，营造 ××（福利名额）错过就无的紧迫感，鼓励用户抢占先机。

4. 要求结尾通过紧迫类词语建议用户抓住机会下单，×× 字内。

例如，×× 理财产品计划提供 100 个免费理财咨询名额，用于引流。请根据此内容撰写促单结尾。

代入模板，直接向 AI 提问：

你是一名知名销售文案专家，非常擅长促单转化，请为 ×× 理财产品文案撰写促单结尾，要满足以下要求。

1. 从价格优势出发，突出赠送 100 个名额的福利，免费但有限，是特别申请。

2. 从产品质量出发，建议用户抓住"专业理财咨询助力财富增值"的利益机会。

3. 从限时性出发，营造 100 名额先到先得，错过就无的紧迫感，鼓励用户抢占先机。

4. 结尾通过紧迫类词语直接建议用户抓住机会下单，100 字内。

AI 给出的参考答案：

锁定未来财富，×× 理财产品为你开启！

现特别申请

仅限 100 位幸运者享受免费专业理财咨询服务

名额一满即止

建议大家都抓住这个黄金机遇

让专家为你的财富增值保驾护航

行动迅速才能赢在起跑线，立即行动，成为财富赢家！

AI 创作的这个结尾紧凑有力，遵循了既定的要求。而且借助 AI 的"多轮指令"功能，文案创作者还能要求 AI"继续回答"，输出更多优质文案，从而从中挑选最优质的结尾，以激发创作灵感和提升文案创作效率。

3.3.2 保证好处：设身处地，打消顾虑

10 万多个读者力荐

《秒懂 AI 文案：轻松写出好文案》，干货满满的 AI 写作秘籍

50 多个模板，轻松驾驭 AI，秒变文案高手！

狂欢日购买，仅需 28 元享 5 折

还送"7 天共读营"，精读 AI，文案无忧！

机会难得，不要错过

别再犹豫，点击下方链接，立即购买，让 AI 点燃你的文案创意之火！

10 万多名读者读完都觉得干货满满的《秒懂 AI 文案：轻松写出好文案》，当日 5 折优惠，还额外赠送 7 天共读营，产品这样有质量、有优惠、有福利，你是不是马上就心动下单了？

将以上需求代入提示词模板，直接提问 AI 得到的参考文案。

【承诺好处模板】

你是一名知名销售文案专家（给 AI 的定位），请为 ×× 产品写一篇销售文案的促单结尾，要满足以下要求。

1. 强调产品质量，利用从众心理打消用户顾虑，使用数据证明产品质量好。

2. 承诺价格最优，全网最低价 / 多退少补等。

3. 体现销售诚意，赠送用户需要的福利，增强用户信任。

4. 结尾用紧迫类词语督促用户即刻下单，口语化，××字左右。

针对《秒懂 AI 文案：轻松写出好文案》计划设立"狂欢推广日"，用户当日可享全网首发的 5 折限时优惠，还额外获得 7 天共读营的特别福利。宣传时以书的内容质量为重点，强调 10 万多名读者都觉得干货满满，提供 50 余个提示词模板，让新手也能驾驭 AI，高效创作出优质文案。

代入模板，提问 AI：

你是一名知名销售文案专家，请为《秒懂 AI 文案：轻松写出好文案》写一个促单结尾，要满足以下要求。

1. 强调该书的内容质量，利用从众心理打消用户顾虑，强调 10 万多名读者都觉得干货满满，提供 50 多个 AI 提示词模板，让新手也能驾驭 AI 成为文案高手。

2. 承诺价格最优，狂欢日可享全网首发 5 折 28 元限时优惠，仅此 1 次。

3. 体现销售诚意，增强用户信任，再送 7 天共读营的特别福利。

4. 结尾用紧迫类词语督促用户即刻下单，口语化，100 字左右。

这次的模板使用的是"保证好处，消除用户顾虑"的写作原理。很多潜在用户被标题吸引，点开正文，读至文末，会觉得似乎可以购买，但又觉得有一些顾虑，那么，文案结尾处的"保证好处"便是关键所在，其使命是直击用户心底的疑问、犹豫，并提供有力解决方案，以消除他们的顾虑，促使他们安心购买。

"保证好处"的核心在于深入洞察用户可能的顾虑，站在用户的角度思考，提前给出切实可行的建议。以下是几个有效消除用户顾虑的策略。

（1）如果用户担心产品质量，可以借助用户反馈，利用从众心理打消用户的顾虑。

（2）如果用户担心价格不够优惠，可以用保价承诺方式让用户彻底放心。

（3）如果用户担心售后服务跟不上，可以借助相关的用户反馈增强用户的信任。

（4）如果用户担心购买过程不够私密，可以用全程隐私保护措施让用户不再忧虑。

值得注意的是，这4个策略既可以单独使用，也可以结合使用。总之，文案创作者要设身处地思考：如果是我，我愿意购买这款产品吗？不愿意购买的原因是什么？

潜在的购物障碍需要在整篇文案中巧妙地消除，而文案的结尾则应使用更直接的语言，明确地消除用户的顾虑，从而促成最终的购买决策。文案创作者也可以根据实际需要，有针对性地调整提示词模板。

3.4　AI 创作文案金句：一句话的冲击力不可小觑

金句虽简，却如点睛之笔，赋予文案灵魂。正是金句的冲击力，才让文案更深入人心，触动用户情感。本节呈现这两种 AI 提示词模板，助你撰写触动人心的文案金句。

3.4.1　6 种经典金句，AI 轻松套用

每一句熠熠生辉的金句，尽管风格各异，但都隐藏着相似的深层逻辑。

此处为大家细致剖析 6 种经典金句，并总结出一套提示词模板。这套模板将让 AI 成为文案创作者的得力助手，助力文案创作者轻松创作出引人注目的文案。

（1）巧用比喻，生动形象。

比喻不仅为文案增添文采，更为读者提供愉悦的阅读体验。将产品卖点通过形象的比喻转化为读者可感知的体验，如飞利浦剃须刀的广告文案，巧妙地将人生哲学与产品功能相结合。

做人就像剃须

进退都要拿捏好分寸

（2）对仗或押韵，通俗好记。

对仗或押韵所带来的韵律感和节奏感，让金句朗朗上口，易于传播。如陌陌的广告文案，通过押韵或对仗，简洁而富有韵律。

世间所有的内向（Xiang）

都是聊错了对象（Xiang）

（3）进行对比，制造冲突。

通过对比两种相反或冲突的观点，形成强烈反差，加深读者对文案的印象。如统一润滑油的广告文案，通过对比润滑与摩擦，突出了产品的重要性。

多一些润滑

少一些摩擦

（4）反常反转，出人意料。

与平铺直叙相比，反常与反转更能吸引读者的注意力，使文案更具冲击力和感染力。如某知识类 App 的广告文案，通过打破常规认知，引发读者的思考。

不是所有知识

都有用

（5）玩转谐音，俏皮走心。

谐音能带来俏皮和欢乐的氛围，尤其适合社交类文案，能激发读者的分享欲望。如天猫商城的广告文案，巧用谐音"购"与"够"，既简洁又富有创意。

上天猫

就购了

（6）套用名言，制造新奇。

套用名言能借助名言的知名度，降低读者的记忆成本，增加文案的传播力。如丰田车的广告文案，既凸显了产品特性，又引发了读者的共鸣。

车到山前必有路

有路必有丰田车

我们将这 6 种经典金句的深层逻辑融入提示词模板之中，构建一个高效且实用的提问工具。只需将金句需求 / 待润色的金句内容填入模板，便可轻松向 AI 提出优化请求。

【6 类金句一键生成模板】

　　你是一名文案创意大师，请为"悦己读书会"撰写金句。请增加细节描述和情感表达，按照以下方式撰写金句，每句不超过 20 字。

　　1. 巧用比喻：将产品卖点通过形象的比喻转化为读者可感知的体验。

　　2. 对仗或押韵：带来韵律感和节奏感，朗朗上口，易于传播。

　　3. 制造冲突：通过对比两种相反或冲突的观点，形成强烈反差。

　　4. 出人意料：观点反常与反转，使文案更具冲击力和感染力。

　　5. 玩转谐音：带来俏皮和欢乐的氛围，激发读者的分享欲望。

　　6. 套用名言：借助名言的知名度，降低读者的记忆成本，增加文案传播力。

　　AI 的参考答案：

以下是为"悦己读书会"设计的金句文案：

1. 巧用比喻：悦己读书会，心灵的港湾，知识的灯塔。

这句文案将读书会比喻为心灵的港湾和知识的灯塔，突出了读书会为人们提供心灵慰藉和知识指引的卖点。

2. 押韵音律：悦己读书会，悦享人生味。

这句文案通过押韵的方式，使文案更加朗朗上口，易于传播，并表达了读书会给人带来的愉悦体验。

3. 制造冲突：世界太快，人心易乱，悦己读书会，静心之选。

这句文案通过对比快节奏的世界和静心读书的选择，突出了读书会为人们提供静心之地的卖点。

4. 出人意料：不是所有书都枯燥，悦己读书会让阅读变得有趣。

这句文案通过反转常规观念，表达了读书会可以让阅读变得有趣的观点，具有冲击力和感染力。

5. 玩转谐音：悦己读书，声声入耳；越己成长，步步高升。

这句文案巧妙地运用了玩转谐音的技巧，将"悦己读书"与"越己成长"相对应，通过相似的发音增加了文案的俏皮感和欢乐氛围。

6. 套用名言：书中自有黄金屋，悦己读书会，探寻心灵之富矿。

这句文案套用了"书中自有黄金屋"的名言，借助其知名度，降低了读者的记忆成本，并表达了读书会提升精神财富的卖点。

该提示词模板在实操中表现很不错，AI 所生成的 6 个金句达到了预期目标。特别是第 1、2、5 句，仔细品味之后，更觉其精彩绝伦。

掌握了这 6 种金句以及与之相匹配的提示词模板，再借助 AI，文案创作者将能够创作出极具吸引力的金句。这样的文案不仅能够为品牌和产品增添更多的魅力，还能够进一步提升其市场价值，使之从激烈的市场竞争中脱颖而出。

3.4.2 AI 万能指令，创作心仪金句

先来欣赏一些金句广告。

别追风

去驾驭风

越野车

不只是越野

如果这则广告是某越野车广告，你会不会觉得这个品牌充满了深厚内涵和独特格调？这则广告无疑会让品牌在消费者心中留下深刻的印象，提升品牌价值和影响力。

所有的精心匹配

都是为天配良缘

如果这则广告文案出自某交友 App，你会不会对该平台的交友质量产生极高的期待，并愿意积极参与尝试？

每个女人

都是一颗璀璨的星星

每颗星星

都有自己的轨迹

各凭爱己之心，照亮夜空中最温柔的篇章

看完这则文案，你是否会感受到一种强烈的情感共鸣和内心温暖？

文案中的“各凭爱己之心，照亮夜空中最温柔的篇章”轻松地触动了用户心灵，它鼓励女性要自信、自爱，并用自己的方式书写属于自己的故事。这句话不仅具有启发性，还让人感受到一种美好和浪漫。

你是不是在暗自揣测：这些既优美又精准的金句文案究竟属于哪个大品牌的广告？又是哪位广告文案高手，耗费了多少心血，历经了多少时间才打磨出来的？

然而，我要向你透露的是，这些令人叹为观止的文案，实际上是由

AI 根据提示词模板生成的。这个结果，是否让你震惊、感叹？

这就是 AI 撰写金句文案的万能指令，让 AI 为文案创作者量身定制符合个人需求的金句。

万能指令分为 3 个步骤，发送给 AI 的提示词模板分别如下。

【经典金句万能指令】

第一句发给 AI 的指令：

你是一名广告创意大师，非常擅长写金句文案，现在，我要给你发送一段我非常喜欢的金句文案，请你学习并总结特征，可以吗？在我发送之前，你别自由发挥。

AI 的回答：

当然可以，我非常愿意学习并总结你提供的金句文案的特征。请你随时发送你喜欢的文案，我会认真分析并给出我的总结。

第二句发给 AI 的指令（发送你喜欢的金句文案）：

每个人

都是一条河流

每条河

都有自己的方向

各凭态度乘风浪

（来自网易新闻）

AI 的回答：

这段金句文案来自网易新闻的广告，富有意象和哲理性。通过"每个人"与"河流"的类比，文案创造了一个宏大的自然场景，将个体的独特性、目的性以及面对生活的态度巧妙地联系起来。

第三句发给 AI 的指令：

很好，现在请你严格按照以上这些特征，注意结构、字数、风格都要一致，以"女人一定要爱自己"为主题，再生成三段金句文案，请严格执行上述要求。

AI 的回答：

每个女人

都是一座宝藏

每座宝藏

都藏着无尽的光辉

各自解锁爱的秘密

（主题：女人一定要爱自己）

每个女人

都是一部史诗

每首诗

都吟唱着自由与梦想

各自谱写爱的乐章

（主题：女人一定要爱自己）

每个女人

都是一颗璀璨的星辰

每颗星辰

都有自己的轨迹

各凭爱己之心，照亮夜空中最温柔的篇章

（主题：女人一定要爱自己）

"每个女人都是一座宝藏、一部史诗、一颗璀璨的星辰"，多么美好的创意。而且，只要你发送指令让 AI "再来一段"，AI 就会高效且源源不断为你创造更多"女人一定要爱自己"的文案。

AI 所展现出的模仿能力和创意灵感，无疑证明了其在文案创作中的高效与出色。它不仅能够为我们提供丰富的灵感，更能助力我们快速创作出心中最理想的文案，满足我们对美好文字的追求与期待。与 AI 携手，文案创作之路将更加宽广与精彩。

第 4 章

AI 模板高效助力，搞定不同平台文案

为了让文案获得更广泛的传播，我们需要根据不同平台的特点和受众需求，有针对性地撰写文案。

AI 为我们节省了大量时间去了解各平台的规则和受众喜好。借助 AI，我们能够更加高效、精准地针对不同平台来创作文案，从而实现更好的传播效果。

4.1 AI 助力朋友圈：轻轻松松，朋友变用户

朋友圈蕴含着庞大的潜在流量。相较于其他类型的文案，专门针对朋友圈所设计的文案，拥有更多元化、更广泛的应用场景。

借助 AI 写作工具，我们能够以文案为纽带，与朋友们建立更紧密的联系。通过文案传递真诚和信任，便能轻松将朋友转化为忠实的用户。

4.1.1 紧跟热点模板，把货卖到朋友心坎

某文案创作者想撰写一篇朋友圈文案，既对客户表达新春祝福，也想和客户建立更深层次的联系，她尝试用 AI 撰写，但感觉 AI 创作的文案内容平平无奇，缺乏独特的温馨感。她是这样提问 AI 的：

> 我是一个美妆公司老板，怎么写一篇春节朋友圈祝福文案?

AI 的参考答案：

> 春节的钟声即将敲响，愿这新春的红妆，为您带来一整年的好运与美丽。在这个辞旧迎新的时刻，我作为一位美妆界的探路者，向您承诺，我们的每一笔勾勒，都是为了让世界看到您的独特光彩。新年新气象，让我们携手共绘美丽新篇章，愿您的容颜如同春日里绽放的花朵，永远鲜艳夺目。祝福您及家人，新春快乐，万事如意!

　　实际上，这则由 AI 生成的文案不乏精彩之句和深远寓意，然而它给人留下的印象却是略显平淡。原因在于它缺少了那份能触动人心的独特温馨感，用户难以产生共鸣，感觉内容与自己并无太多关联。

　　文案的魅力，尤其是朋友圈文案，很大程度上源于用户的代入感。一则成功的朋友圈文案包含以下几个关键点。

　　（1）文案要明确展现出"我"（品牌）的身份和特点，深入用户内心，占据一席之地。这样，用户在阅读时能够感受到其与品牌的紧密联系，更容易产生共鸣。

　　（2）真诚地表达对"你"（用户）的感激之情至关重要。让用户深切感受到我们的针对性谢意，能够进一步增强用户与品牌的情感联系，拉近距离。

　　（3）巧妙地运用产品作为纽带，将"我"与"你"紧密联系在一起。既展示产品的独特价值，还强化"我"与"你"之间的专属关系，让文案更具吸引力和感染力。

　　我们把这 3 个技巧转化成提示词模板，代入案例，直接提问 AI。

【紧跟热点，把货卖到用户心坎模板】

　　你是非常擅长写朋友圈文案的高手（给 AI 的定位），请帮我写一篇非常有感染力的朋友圈文案。我是 ××（品牌），想要在 ××（时间节点）写一篇朋友圈祝福文案，要求如下。

　　1. 展现是"我"给用户送祝福，通过细节描述感谢用户的信任和支持。

　　2. 表达对用户的真诚感谢，描述 ×× 产品给用户带来的利益的细节。

　　3. 把产品和祝福联系在一起，并表达"随时为用户服务"的贴心。

　　4. 口语化，通过情感共鸣和细节描述增强文案感染力，×× 字左右。

把案例代入模板，直接提问 AI：

你是非常擅长写朋友圈文案的高手，请帮我写一篇非常有感染力的朋友圈文案。

我是 ×× 美妆公司的老板，想要在春节写一篇朋友圈祝福文案，要求如下。

1. 展现是美妆公司老板给用户送春节祝福，通过细节描述感谢用户的信任和支持。

2. 表达对用户的真诚感谢，描述美妆产品让用户更美的细节。

3. 祝福词要和产品有关，表达"随时为用户服务"的贴心。

4. 口语化，通过情感共鸣和细节描述增强文案感染力，250 字左右。

AI 的参考答案：

亲爱的朋友们，春节的钟声即将敲响，作为 ×× 美妆的创始人，心中满是感激与祝福。

感谢你们在过去一年里给予我的坚定信赖与热情支持。

你们每一次妆容的绽放，都是我最大的骄傲。

还记得那位眉眼如画、用我们的 ×× 眉笔轻轻勾勒出新春好运的女孩吗？又或是唇色如花般鲜艳、因 ×× 口红而笑容更加灿烂的你……

在这辞旧迎新的美好时刻，愿我的祝福如同我们的产品，细致地呵护着你的每一寸肌肤，让你在新的一年里美丽加分。我将一如既往地贴心守护，为你们的每一天都带来美的保障。

新春之际，愿你们的美不仅惊艳时光，更温柔岁月。

用 ×× 美妆点缀人生，让每一天都熠熠生辉！

AI 的这段文案写得很不错，具有很强的感染力，既让用户清晰地感受到送祝福的是"×× 美妆"，更通过画面描述，如"用我们的 ×× 眉笔轻轻勾勒出新春好运的女孩"，进一步增强了用户对产品的认同感。

同时，文案巧妙地将祝福与产品联系在一起，"愿我的祝福如同我们的产品，细致地呵护着你的每一寸肌肤，让你在新的一年里美丽加分"，既传达了对用户的关怀和祝福，又强调了产品的价值和功效。

结尾部分的"用 ×× 美妆点缀人生，让每一天都熠熠生辉"，简洁而富有力量，既提升了文案的格调，又给用户留下了深刻的印象。

总的来说，这段文案无疑是一次品牌、产品与用户的完美结合，充分展现了朋友圈祝福文案的魅力。文案创作者可以更加深入地分享更多产品体验，不断地优化提示词模板，以创作出更具针对性和个性化的朋友圈文案，让每一则文案都能触动人心，引起共鸣。

4.1.2 赢得信任模板，有力推动成交

在朋友圈中，推荐产品的最佳之道，莫过于用真诚之心，赢得朋友信赖。当你的朋友感受到你在推荐好物时所倾注的热情，他们自然愿意成为你最坚实的后盾与支持者。因此，撰写能赢得朋友信任的朋友圈文案的能力，尤为重要，相关撰写技巧如下。

（1）真诚分享你销售产品的故事，让朋友感受到你的真挚情感与对产品的坚定信心。

（2）突出你能为朋友提供的独特服务，让他们明白选择你，不仅是选择了一款产品，更是选择了一份专属的关怀与陪伴。

（3）回应朋友的晒单与好评，让朋友对你的信任与支持在互动中得以加深与延续。

（4）文案风格要和你的个人性格、气质相吻合，这种一致性能提升文案吸引力，还能大大提高文案可信度，让朋友更愿意相信你的朋友圈文案所传达的信息。

将以上 4 个技巧巧妙地转化为提示词模板，便可借助 AI，写出能赢得朋友信任的朋友圈文案。

【赢得信任，推动成交模板】

你是非常擅长写朋友圈文案的高手，请帮我写一篇赢得用户信任的朋友圈文案，要求如下。

1. 分享我销售 ×× 产品的原因或背后的故事，目的在于体现产品的品质。

2. 体现我对自家产品有信心，通过具体的"×××"承诺让用户无后顾之忧。

3. 用"用户反馈"验证"产品高品质"的真实性。

4. 要求文风 ××（幽默、温情等），×× 字左右。

举例：×× 需要在朋友圈销售父母种的脐橙，他性格幽默，请用幽默文风，为他撰写一篇朋友圈文案，表达他家脐橙来源和品质有保障，脐橙不甜或坏了可以马上赔偿。

代入模板，直接提问 AI：

你是非常擅长写朋友圈文案的高手，请帮我写一篇赢得用户信任的朋友圈文案，要求如下。

1. 脐橙是父母种的，保证健康，体现脐橙质量和口味好。

2. 体现我对自家脐橙有信心，承诺脐橙不甜或坏了马上赔偿，让用户无后顾之忧。

3. 用"用户反馈"验证橙子又甜又大，是送家人和朋友的绝佳礼物，增强真实性。

4. 要求文风幽默，200 字左右。

AI 的参考答案：

嘿，朋友们！来听我推荐个宝贝——我家果园的脐橙！这可不是一般的橙子，它是我爸妈用爱浇灌出来的，每一个都甜过初恋，大过篮球！（夸张一下，但质量、口感绝对一流）。

你吃了要是觉得不甜，或者有一个坏了，我马上赔你一个更大的！别担心，我可不是在吹牛，有无数用户的笑容和好评给我撑腰呢！

想送家人、朋友一份特别的礼物？

我家脐橙又甜又大，保证让他们笑得合不拢嘴！快来尝尝这份甜蜜的味道，要是不好吃，我……我……我请你来我家果园亲自摘，顺便体验下农家生活，咋样？

可以说，AI 撰写的这篇朋友圈文案表现出色，尤其是最后一句话，既精准地展现了个人独特的气质与风格，又巧妙地融入了幽默互动的元素。这样的文案不仅能成功地赢得用户的信任，更能引导用户在轻松愉悦的氛围中购买产品。

看到这样的朋友圈文案，朋友（潜在用户）不但不会觉得被打扰，反而可能会觉得看不够。

4.1.3　促进互动模板，主动互动的用户才是真流量

　　除了让朋友"被动"地看朋友圈文案，我们还能通过一些写作技巧，创造机会，让朋友主动和我们互动。有了一对一的沟通机会，我们不但有更多的机会展示自己，还能有针对性地为朋友推荐合适的产品，加深与朋友的友谊。

　　引导朋友主动互动的技巧如下。

　　（1）在朋友圈文案末尾引导朋友点赞或评论，并主动向朋友表示感谢。并不是所有朋友都习惯点赞或评论，"主动引导"能激活一部分潜在用户，创造一对一沟通的机会。

　　（2）通过赠送小礼品、点赞领红包、有奖竞答等方式让朋友主动互动。例如，通过"给点赞数量达 6、16、18 的小伙伴送红包"创造和朋友一对一沟通的机会。

　　（3）设置一些有关专业咨询、问题讨论、互相认识的栏目，促使朋友主动评论。例如这则保健品文案："天气冷了，不少人又将泡脚提上日程了。但是，泡脚也有讲究，泡得对才有疗效。你知道泡脚有哪'三要，三不要'吗？写出优秀答案的伙伴，有礼物赠送哦。"

　　我们在撰写朋友圈文案时，可以直接将以上 3 个技巧融入文案结尾，引导用户互动。当然，我们也可以将以上技巧转化为提示词模板，借助 AI 写出有创意的互动文案。

【促进互动，流量转化模板】

你是非常擅长写朋友圈文案的高手，请帮我写一篇朋友圈文案，要求如下。

1. 表达我销售的 ×× 产品的核心卖点是 ××。

2. 表达产品能解决目标用户的 ××× 痛点，用细节描述突出使用效果。

3. 结尾请设计一个非常有吸引力的互动方式，让用户主动点赞或评论。

4. 口语化，最大限度地激发用户的参与兴趣，×× 字左右。

举例：×× 洗发水的核心卖点是使用后，会使头发蓬松又柔顺，非常适合头发容易油且紧贴头皮的目标用户，请写一篇推广 ×× 洗发水朋友圈文案。

把案例代入模板，直接提问 AI：

你是非常擅长写朋友圈文案的高手，请帮我写一篇朋友圈文案，要求如下。

1. ×× 洗发水的卖点是使用后，会使头发蓬松又柔顺。

2. 表达 ×× 洗发水能帮用户解决"头发油且贴头皮"的痛点，

洗后可让头发维持 4 天柔顺蓬松。

3. 结尾设计一个"分享痛点送礼物"的互动方式，要求脑洞大开。

4. 口语化，最大限度地激发用户的参与兴趣，200 字左右。

AI 的参考答案：

嘿，朋友们！你们是不是也受够了油腻腻、紧贴头皮的头发？我最近发现了一款超棒的洗发水，用完之后头发蓬松又柔顺，简直就是惊喜啊！

这款洗发水真的太给了，彻底解决了我的"头发油腻，紧贴头皮"的困扰。现在我的头发又柔又顺，还超有型！

你们也有这样的困扰吗？快在评论区分享你的头发"痛点"，最有趣、最独特的痛点将有机会获得我们准备的神秘礼物一份哦！快来参与，让我们一起甩掉油腻，拥抱蓬松与柔顺！点赞数量达 6、8、9 的幸运儿还有机会获得神秘红包哦！

这则 AI 生成的朋友圈文案真是令人惊喜！

结尾处的互动设计满足了不同用户的需求。习惯简单参与活动的朋友，只需随手点个赞就能轻松参加活动；而那些爱交流的小伙伴，则能尽情分享自己的有趣故事和痛点。这则文案不仅帮助我们更精准地锁定目标用户，还能让朋友圈的气氛更加活跃。

这样的互动方式还为我们提供了丰富的素材，让发朋友圈变得有趣！这样的文案，无疑为我们的朋友圈营销带来了更多可能性和惊喜！

4.1.4 万能套用模板，写出个性化的朋友圈文案

借助万能提示词模板，根据我们的具体需求和目标用户，可创作出独一无二的朋友圈文案。我们只需要明确产品的核心卖点和目标受众，将这些信息输入模板中，即可生成符合预期的朋友圈文案。值得一提的是，我们还可以要求 AI 提供针对性的配图建议。

【量身定做打造个性模板】

你是一名文案高手，请帮我写一篇朋友圈文案。我是 ×× （品牌或身份），销售 ×××（产品），产品的核心卖点是 ××，能解决用户的 ××× 痛点。

请熟悉以上信息，再按以下要求撰写。

1. 通过我自己使用产品的细节描述，强调产品的高质量和卖点。

2. 强调产品的高性价比，可通过价格优势来激发用户购买欲。

3. 其他想表达的内容：×××。

4. 口语化，添加情感表达，让文案更具感染力和说服力，×× 字左右。

5. 针对文案，提供针对性的配图建议，图文并茂地展示产品优势。

举例：某妈妈在代理一款纸尿裤，她想在朋友圈销售纸尿裤，同时也想发展自己的团队，但不知道如何表达产品卖点，我们可以把需求代入模板，请 AI 自由发挥，帮助撰写朋友圈文案。

把案例代入模板，直接提问 AI：

你是一名文案高手，请帮我写一篇朋友圈文案。我是一位妈妈，想在朋友圈销售 ×× 纸尿裤。

请按以下要求撰写。

1. 通过我给自家孩子使用纸尿裤的细节描述，强调纸尿裤的高质量。

2. 强调纸尿裤的高性价比，便宜又好用。

3. 招募其他妈妈加入我的团队，成员可 8 折购买 ×× 纸尿裤。

4. 口语化，添加情感表达，让文案更具感染力和说服力，300 字左右。

5. 针对文案，提供针对性的配图建议，图文并茂地展示产品优势。

AI 给的参考答案：

嘿，妈妈们，告诉你们一个秘密，我家小宝贝的甜美梦境，全靠这款纸尿裤守护！它拥有超强吸力，瞬间吸收水分，保持整晚干爽，再也不用担心宝宝的屁股受潮湿困扰啦！而且，它柔软透气，呵护宝宝的肌肤。

性价比更是值得一提。别的妈妈每月都在为高昂的纸尿裤费用发愁，而加入我的团队，能够 8 折买到纸尿裤，享受超值优惠，给宝宝好的照顾。

最后，这款纸尿裤的设计还考虑到了环保因素，采用了可降解材料，让我们在关爱宝宝的同时，也为地球做出一份小小的贡献。快来加入我们吧！一起享受超值优惠，给宝宝好的呵护，同时为地球献上一份爱心！

配图建议：

1. 宝宝穿着 ×× 纸尿裤，脸上洋溢着幸福的笑容。
2. 展示纸尿裤的细节，如透气孔、柔软材质等。
3. 妈妈们合影，展现团结协作的氛围。
4. 价格标签对比图，强调高性价比。
5. 宝宝熟睡，旁边放着 ×× 纸尿裤，突出产品的夜间保护功能。

尽管我们没有提供更多的产品卖点，让 AI 自由发挥，但 AI 凭借自身的创造力与想象力，呈现了一篇极为出色的朋友圈文案。不仅展现了 3 个产品卖点，还将招募信息巧妙地融入其中，使得整个文案既流畅又富有吸引力。

即便是新手，也能在这篇文案的指引下，写出吸引人的文案。

4.2　AI 赋能小红书：拥抱"种草"胜地，实现柔性营销

小红书是一个以女性消费者为主体，集内容分享与购物功能于一体的社交电商平台。小红书凭借其精细化的内容运营策略以及强大的社交互动功能，成功为用户打造了一个与众不同的购物与信息获取平台，因而被誉为"种草"胜地。

在如何高效且精准地把握小红书这一风口的问题上，AI 写作工具展现出了其独特的价值。无论是在内容生产、优化、个性化推荐，还是在商业化运营方面，AI 写作工具都能为小红书提供全面而强大的支持与服务，助力平台及用户更好地应对挑战、把握机遇。

4.2.1　AI 盘点笔记特色，轻松分析热门笔记

小红书汇聚了一大批热爱分享、热衷购物的女性用户，尤其是学生和一、二线城市的白领。这个平台对内容的审核相对严格，催生出了具有明显特色的热门笔记。

以下为小红书平台热门笔记的五大鲜明特色。

（1）贴近用户生活。

●用温馨的语言营造亲切感。比如，使用"姐妹"等称呼，缩短与用户的距离。

●笔记融入利他性语言，让用户感受到内容的相关性和价值。

"10 种读书方法！不同书籍的阅读技巧大公开。"

"苹果自带的免费读书 App！还有姐妹不知道吗？"

（2）紧跟潮流话题。

当某种玩法或句式在平台上流行（即热点）时，模仿这些热点可

以让用户感到亲近，仿佛你是他们中的一员，从而实现吸引用户。

在小红书平台上，紧跟热门话题是一种有效的互动和"涨粉"手段。

以"21天读书挑战"为例，当这个话题在平台上火热时，许多用户纷纷发起自己的读书挑战。一位用户看到这个趋势后，没有试图去打造一个全新的话题，而是选择加入这一热门活动。她创建了一个笔记，标题为："#21天读书挑战#跟我一起翻页吧！"

在笔记中，她详细介绍了自己的读书计划、所选书单，并邀请其他用户参与并分享他们的进度和感悟。

通过使用热门的话题标签，她的笔记很快获得了其他用户的注意，许多人通过评论表示要加入她发起的挑战，以互相监督和鼓励。一些用户甚至在个人页面上分享了自己参与挑战的日常，进一步增加了话题的热度。

（3）重视视觉美感。

作为一个注重"颜值"的社区，小红书要求文案不仅内容精彩，视觉效果也要出色。

● 多使用小红书专属表情，增添文案的趣味性和平台特色。

● 注意排版优化，使用线条、表情符号、点号等元素分隔文本，避免大块密集文字。

● 字数控制在 500 ~ 800 字。注意：标点符号、空格、空行和话题标签都会占用篇幅。

（4）传递情感价值。

在小红书这个如同"闺蜜圈"的平台，文案需要传递情感价值。

● 使用夸张的言辞传达情绪，如"救命，这太神奇了！""美到哭泣！"等。

● 略带自恋地"晒"成就或美好事物，如"画这么美，不分享出来简直可惜。"

● 适当"撒娇"或吐槽，以真实而脆弱的一面赢得用户的喜爱，或者通过无伤大雅的吐槽来吸引用户安慰和引起共鸣。例如，文案"谁懂！约拍的人不讲诚信真让人生气。"引起用户共鸣。

（5）善用数字和数据。

用户对数字很敏感，尤其是涉及产品价格时。清晰具体的数字往往比含糊描述更吸引人。如果担心直接展示价格会影响流量，可以使用"2××"等方式隐晦表达。

值得一提的是，上述小红书热门笔记的五大特色，是笔者经过长期深入的学习与研究后精心提炼而成的。然而，在现今科技飞速发展的时代，AI 技术的筛选、数据分析与归纳能力已非常强大。AI 能够在短短数秒之内精准地拆解小红书热门特色，其效率之高令人赞叹。

我们仅需向 AI 发出 3 个简单的指令，便可完成单篇小红书热门笔记"拆解—归纳—撰写"的全部工作，这无疑极大地提升了内容创作的便捷性和效率。

【爆款笔记万能指令】

第一句发给 AI 的指令：

你是一名在小红书拥有百万粉丝的博主，现在，我给你发送 1 篇小红书热门笔记，请你学习并总结这篇笔记的特征，可以吗？在我发送之前，你别自由发挥。

AI 的回答：

> 当然可以！作为一名在小红书拥有百万粉丝的博主，我非常乐意学习和总结其他优秀笔记的特征。请你发送小红书热门笔记，我会认真学习和分析其特点，并给出我的总结。期待能从中汲取灵感，提升自己的创作能力。

第二句发给 AI 的指令（发送你喜欢 / 想要模仿的热门笔记）：

天哪！终于有人把怎么做自媒体博主说清楚了！

Hi，我是秋叶大叔，今天给大家分享新手如何做自媒体博主才能成功。

去年，很多小伙伴就想要做自媒体博主，却迟迟没有下手，一直在观望。

其实像这种红利，是千万不能等的。

今天给大家分享一个详细的自媒体规划表格，想做自媒体博主的你就按照我这个表，每天打卡，顺序一定不能搞反！

第一天：写下自己的兴趣爱好和擅长领域。

第二天：根据自己未来想要发展的方向确认定位。

第三天：根据定位寻找 10 个以上对标账号。

第四天：列出 10 个以上主题，写下自己的选题。

篇幅有限，更多内容看上方图片。

我是秋叶大叔，写作 20 年，全网粉丝 200 多万。已出版 60 多本畅销书。在这里，我会持续分享个人成长、读书写作、认知思维、自媒体运营等干货。

欢迎点击我的头像，期待大家与我一起成长。

不懂就问有问必答 # 自我提升 # 自媒体新人

AI 的回答：

这篇小红书热门笔记的特征可以总结为以下几点。

1. 吸引人的开头：笔记从一声惊叹开始，立刻吸引了读者的注意，让读者好奇并想要继续阅读下去。

2. 明确的主题和目标受众：笔记针对的是想要成为自媒体博主的新手，提供了清晰的指导和建议。

3. 实用性强的内容：作者提供了一个详细的自媒体规划表格，并告诉读者如何操作。这种具体、可执行的建议对新手来说非常有用。

4. 简洁明了的结构：虽然篇幅有限，但笔记的结构非常清晰，每一天的任务都一目了然，方便读者理解和执行。

5. 展示个人品牌和权威性：作者在笔记中介绍了自己的身份和成就，这不仅增加了笔记的可信度，还展示了作者的专业知识和经验。

6. 具有互动性和号召性的结尾：作者鼓励读者点击头像进行互动，并期待与读者一起成长。这种结尾能够增强读者的参与感和黏性。

7. 使用有效的标签：笔记使用了与主题相关的标签，如"不懂就问有问必答""自我提升""自媒体新人"，这有助于增加笔记的曝光率和吸引更多潜在读者。

综上所述，这篇小红书热门笔记通过吸引人的开头、明确的主题和目标受众、实用性强的内容、简洁明了的结构、展示个人品牌和权威性、具有互动性和号召性的结尾以及使用有效的标签等特征，成功地吸引了读者的注意并提供了有价值的信息。

第三句发给 AI 的指令：

很好，现在请你按照以上这些特征，以"如何开启线下读书会"为主题，为秋叶大叔生成 1 篇符合以上特征的小红书笔记。

AI 的参考答案：

如何开启线下读书会，轻松成为文化圈焦点？

大家好，我是秋叶大叔！写作 20 年，全网粉丝 200 多万，已经出版了 60 多本畅销书。今天，我要和大家分享如何轻松开启一场线下读书会，让你成为文化圈的焦点。

你是不是一直想要组织一场属于自己的线下读书会，却又不知道从何下手？别担心，跟着我一步步来，你也能轻松开启一场线下读书会，成为文化圈的焦点。

第一步：明确读书会的主题和目标。

你需要明确读书会的主题和目标，是想要探讨文学经典，还是想要聚焦某个热门领域？明确主题和目标后，你就能更有针对性地吸引志同道合的参与者了。

第二步：策划吸引人的活动流程。

一场成功的读书会，除了好书分享，还需要有趣的活动来增色。你可以设计一些互动环节，比如小组讨论、角色扮演等，让每个人都能积极参与进来，享受读书的乐趣。

第三步：选择合适的场地和时间。

找一个宽敞舒适、氛围好的场地，能让大家更好地沉浸在读书的世界里。同时，选择合适的时间也很重要，确保大家都能腾出时间来参加你的读书会。

第四步：邀请嘉宾和宣传推广。

邀请一些有趣的嘉宾来分享他们的读书心得，能为你的读书会增添更多亮点。同时，别忘了在社交媒体上进行宣传推广，吸引更多人参与进来。

最后，我要告诉大家的是，开启线下读书会并不难，只要你用心策划、积极宣传，相信你一定能够吸引众多志同道合的朋友前来参加。

好啦，今天的分享就到这里啦！

如果你对如何开启线下读书会还有任何疑问或者想要了解更多

> 干货，欢迎随时点击我的头像查看！期待在读书会的道路上，与你一起成长。
>
> #秋叶大叔 #线下读书会 #文化圈焦点 #享受读书乐趣 #一起成长

通过这 3 个简单的指令，我们能有效地指导 AI 撰写出符合我们需求的小红书笔记。特别是在撰写干货类笔记时，AI 能够充分发挥其能力，满足各种需求。

当然，若想笔记获得更好的流量，仍需要结合产品的独特卖点，并根据具体情况进行针对性分析。

4.2.2 标题吸睛有妙招，经典 AI 好模板

相较于其他平台，小红书的特色在于其封面（封面图与笔记标题的完美结合），且笔记标题的重要性尤为突出。一张极具美感和吸引力的封面图，配合一个精准且吸引人的笔记标题，是吸引读者关注、传达核心主题的关键。这两个元素共同构成了小红书笔记独特的魅力，为内容创作者提供了更广阔的发挥空间。

小红书笔记标题的吸睛技巧如下。

（1）融入关键词，增加曝光度。

例如，标题"设计师都在用的 5 个免费字体网站"，包含了"设计师""免费""字体"等热门关键词，不仅大大提升了笔记的搜索曝光率，还让目标受众一目了然。

（2）灵活运用表情符号。

结合小红书平台的活泼氛围，在标题中适当加入表情符号，既能使标题符合平台特色，又让其从众多内容中脱颖而出，更吸睛。

（3）强调获得感，传递笔记价值。

如"1 个技巧轻松搞定 100 个小红书笔记选题"，直接展现了笔记的实用价值和读者能从中获得的益处，让人忍不住想要一探究竟。

还可以搭配语气词、问号、感叹号或者情感强烈的短语，增强吸引力，比如"我宣布""给我冲""我不允许还有人不知道""你可以永远相信"等。

（4）巧妙运用数字。

通过在标题中巧妙地运用数字，如"100 天健身打卡挑战"，不仅让标题更加醒目，还能迅速传达笔记的核心内容，增强读者的阅读兴趣。

（5）制造话题与悬念。

关注度极高的话题，如"运营 10 个月，粉丝不到 100 个，想放弃了"，能够制造悬念，引发读者的好奇心和关注欲望，从而增加笔记的点击率和互动量。

我们把以上小红书笔记标题的吸睛技巧，归纳为提示词模板，以"口红色号推荐"为主题，直接提问 AI。

【经典标题万能模板】

你是一名小红书运营高手（给 AI 的定位），请以"口红色号推荐"

为小红书笔记主题，为我撰写以下类型的小红书标题。

1. 要求融入热门关键词，吸引目标用户，且能增加搜索曝光量。

2. 配合笔记主题，灵活使用吸睛的小红书表情符号。

3. 体现干货，强调给用户带来的获得感，可搭配情感强烈的语气词。

4. 巧妙运用数字，迅速传达核心内容，让标题更醒目。

5. 制造关注度高的话题与悬念，吸引用户关注。

AI 的参考答案：

1. 热门必买！春夏最热门的口红色号大盘点。

2. 绝美唇色！不能错过的口红色号，快来 pick 你的专属色！

3. 惊艳全场！你值得拥有的口红色号清单，不看后悔！

4. 口红色号前十大揭秘，你的唇色由你定义！

5. 口红界也有黑马？这些小众口红色号竟比大牌还火！

可以说，AI 所生成的这些标题完美契合了小红书的风格和用户偏好，而且每一个都具备成为热门标题的巨大潜力。

过去，我们或许需要模仿众多热门标题，才能勉强构思出 1 个符合要求的笔记标题；现在，在 AI 的助力下，在短短数秒内，便能轻松创作出 5 个甚至更多极具创意的小红书笔记标题。这无疑极大地提升了我们的创作效率和灵感迸发的可能性。

4.2.3 笔记正文轻松写，AI 提问是关键

小红书图文笔记的字数上限为 1000 字，但在实际创作中，为了兼顾精美的排版和吸睛的话题标签，正文往往在 500 ～ 800 字。那么，如何在有限的篇幅内迅速吸引用户的注意呢？这无疑是每位文案创作者必须面对的挑战。

在过去，为了打造一篇吸引人的小红书笔记，文案创作者们需要深入了解平台的特质，熟悉那些备受用户喜爱的文案风格，费尽心思地构思选题，撰写文案，并努力模仿那些热门笔记。这一过程往往耗时耗力，考验着每一位文案创作者的耐心。

而现在，主流的 AI 模型已经针对小红书平台开发了定制化的"场景"功能。用户只需输入主题词，AI 便能迅速生成一段富有平台特色的文案，其细节处理细致，甚至连表情符号、排版、话题标签等元素都一一考虑。

举例，AI 工具给出的关于"口红色号推荐"的小红书热门文案示例如下：

> 请输入你要撰写的文案主题，如"口红色号推荐"。

AI 的参考答案：

> 热门口红色号推荐，让你唇色迷人！
> 你是否在寻找那个完美的口红色号？
> 别再找了，我们为你精心挑选了几款必试的色号！
> 对于日常妆容，我们强烈推荐桃粉色系。桃粉色系不仅自然亲

和，还能让嘴唇看起来饱满而柔软。

如果你偏爱大胆一些的妆容，那么浆果色系很适合你。这些色号能够让你看起来既时髦又充满活力。

对于特殊场合或晚上出游，深色系如巧克力棕或酒红色是不错的选择。它们不仅显色度高，还能够彰显出你的成熟魅力。

最后，不要忘了裸色系。它们适合任何肤色，能够打造出低调而优雅的妆容。记得根据你的肤色和妆容风格来选择合适的口红色号，这样才能更好地展现你的个性和魅力。

#口红色号 #美妆推荐 #唇彩 #妆容加分 #美丽秘籍 #口红控 #美妆达人

显然，AI 提供的这则文案已经非常符合小红书平台的特色，可以直接使用。然而，由于 AI 的创作是基于已有的数据和模式，如果没有足够的独特性和个性化的输入，那么生成的文案可能会缺乏吸引力。

为了解决这个问题，我们可以把前文提到的小红书平台热门文案的五大鲜明特色融入提示词模板中，以提问 AI，从而创作出更具吸引力的小红书笔记。

【"种草"笔记万能模板】

你是一名拥有百万粉丝小红书博主（给 AI 的定位），请为我撰写

一篇主题为"口红色号推荐"的小红书笔记（明确文案主题）。文案
请按以下要求撰写。

1. 贴近用户生活，用"姐妹"等亲密称呼拉近距离，多用利他
性语言。

2. 紧跟与"口红色号"相关的热门话题。

3. 可用夸张、热情、撒娇的语气传递情感价值。

4. 排版注意视觉美感，500 字左右。

AI 的参考答案：

口红色号大揭秘！你的专属唇色在这里等你哦，姐妹！

姐妹们！你们是不是也和我一样，对口红色号超级纠结呀？市
面上那么多色号，看得人眼花缭乱，每次选口红都像是在做选
择题，太难了！

不过，经过我长时间的研究和试色，我发现了几款绝美色号，
真心想分享给你们！这些色号不仅日常百搭，还能让你在人群
中脱颖而出，成为焦点！

第一款：XXX 品牌的 XX 色号。这个色号简直就是为黄皮妹子
量身定制的！涂上后肤色立马显白，而且超级显气质！无论是
上班还是约会，都能让你成为最闪亮的那颗星！

第二款：XXX 品牌的 XX 色号。这是一款非常适合春夏季节的

色号，粉粉嫩嫩，少女感十足！涂上它，你就是那个甜甜的邻家女孩，让人一见倾心。

第三款：XXX 品牌的 XX 色号。如果你喜欢复古风格，那么这款色号是不错的选择！浓郁的复古红让你瞬间穿越到上世纪的上海滩，成为那个风华绝代的女子！

姐妹们，这些色号都是我亲自试色过的，真心推荐给你们！每一款都有它独特的魅力，总有一款能戳中你的心。

另外，如果你们对口红有任何疑问或者想了解更多色号，都可以在评论区留言哦！我会及时回复你们的！一起变美，成为更好的自己吧！

口红色号 # 美妆分享 # 变美秘籍

我们不难发现，在提示词模板的指引下，AI 所撰写的小红书笔记展现出了很高的水准。它不仅精确地锁定了目标用户群体，而且其构建的"种草"场景使用户仿佛身临其境。结尾的巧妙设计，更进一步激发了用户的互动欲望，将"种草"的魅力发挥到了极致。

可以说，AI 写作工具为运营小红书带来了前所未有的便利，它高效地为我们生成了优质的文案。然而，要创作出真正能够打动市场、引领潮流的小红书笔记，我们仍需深入了解产品卖点，紧密结合实际需求，精心设计提示词模板，从而创作出真正的热门笔记。在这个过程中，AI 将成为我们的得力助手，帮助我们创作出更多精彩的小红书笔记。

4.3　AI 激活知乎：用问答式文案撬动长尾流量

知乎是一个汇聚了众多高质量原创内容和创作者的中文互联网问答社区。

每当我们在搜索引擎中提出问题，知乎的回答往往能在众多回答中脱颖而出，为我们提供有价值的参考。许多人在日常生活中遇到难题时，也习惯在知乎上寻求解答。知乎独特问答形式的文案，具有显著的长尾效应。要想写好知乎文案，需要学会提问和回答。幸运的是，如今有了 AI 的助力，这一过程变得更加顺畅。

4.3.1　AI 有效提问：吸引注意，扩大影响

要迅速在知乎平台吸引用户关注、互动，甚至促使他们成为忠实粉丝，关键在于提出让用户感兴趣的问题。在知乎提问是有一定技巧的。

（1）争议性。

具有争议性的问题能够引发用户输出不同观点，引起热烈讨论。例如，"你认为社交媒体对现代人际关系的影响是积极的还是消极的？"这样的问题容易引发用户表达不同看法，将带来较高的曝光率和互动率。

（2）互动性。

考虑如何增强互动性是在知乎提问的关键。可以提出开放式问题，邀请用户分享个人经历或观点。比如，提出"你曾经因为什么原因改变了自己的职业规划？欢迎分享你的故事。"这样的问题，鼓励用户积极参与，分享个人经历，从而增强互动性。

（3）垂直度。

所有提问都需要围绕账号定位进行。比如，如果账号定位为健康

饮食，可以提问："对于素食主义者来说，如何确保摄取足够的蛋白质？"，这样的问题针对特定领域，能够吸引目标用户群体的关注。

（4）价值性。

有价值的问题能够为用户提供实用信息或帮助用户解决实际问题。例如，"如何有效地管理时间，提高工作效率？"，这样的问题不仅能够吸引关注，还能为用户提供实用的建议和方法。

我们把以上 4 个技巧转化为提示词模板，直接提问 AI，让 AI 帮我们设计用于知乎提问的问题。

【有效提问，扩大影响力模板】

你非常擅长运营知乎（给 AI 的定位），请根据我的 ××× 账号定位及以下条件为我设计用于知乎提问的问题。

1. 问题要体现争议性，以引起用户的讨论。

2. 问题具有互动性，能引起用户情感共鸣，激发用户的分享欲。

3. 问题一定和 ××××（账号定位）有关。

4. 问题要对用户有实用价值。

根据以上 4 个条件，请分别设计 2 个问题，每个问题不超过 28 个字。

举例：某博主在知乎创立了"读书写作"账号，请为他设计几个知乎提问的问题。

把案例代入模板，直接提问 AI：

你非常擅长运营知乎，请根据我的"读书写作"账号定位及以下条件为我设计用于知乎提问的问题。

1. 问题要体现争议性，以引起用户的讨论。

2. 问题具有互动性，能引起用户情感共鸣，激发用户的分享欲。

3. 问题一定和"读书写作"有关。

4. 问题要对用户有实用价值。

根据以上 4 个条件，请分别设计 2 个问题，每个问题不超过 28 个字。

AI 的参考答案：

1. 体现争议性。

● 网络小说盛行，传统文学是否已消亡？你如何看待两者的发展？

● 写作时，灵感和技巧哪个更重要？你是否认同"天赋胜过一切"？

2. 具有互动性并引起情感共鸣。

● 你最难忘的阅读体验是哪本书给你的？它如何影响了你的生活？

● 对于写作者来说，哪些瞬间让你觉得所有的辛苦都是值得的？

3. 与"读书写作"相关。

● 如何克服写作中的拖延症，建立高效的写作习惯？你有哪些方法？

● 在阅读大量书籍后，如何有效地整合知识并提升写作能力？

4. 具有实用价值。

● 写作遇到瓶颈时，你是如何调整心态并找到突破口的？

● 有哪些被忽视的写作技巧，实际上对提升文章质量非常有帮助？

AI 在短文案创作方面表现出色，借助其强大能力，我们无须再费尽心思地构思问题和写作选题。只需紧密结合自身垂直领域，精准把握提问核心，文案创作者便可轻松让 AI 生成源源不断、精准切中要害的知乎提问文案。

4.3.2 AI 精准回答：好答案，带来更多流量

在知乎平台上，答案质量越高，对应的账号的权重越大，答案排名也会越靠前，账号能得到更多流量，从而能让账号和答案都获得更多曝光。

但选择能提高权重的问题也是有技巧的。

（1）要挑选垂直领域的问题。

选择的问题一定要与账号主攻回答问题的领域高度一致。等到账号有了一定粉丝基础后，回答问题的领域可以根据原来的细分方向稍微拓宽一点。

（2）要挑选更有价值的问题。

首先，可以选择关注人数多的问题。例如，对于起步阶段的账号，可以选择关注人数在 500~2000 人的问题，这种问题有一定关注度，但竞争不激烈，适合新账号；如果账号已经成熟，选择的问题关注人数越多越好，保证曝光量足、长尾效应好。

其次，选择热度高的问题。比如，在某品牌发布新款旗舰手机前后这段时间内，围绕该手机的各类问题热度很高，手机数码方向的账号可投入更多精力回答这类问题。

在精心挑选了恰当的问题之后，构思出深入人心的答案并成功吸引用户的关注，尤为重要。以往，我们可能需要耗费大量心思来斟酌答案，但如今有了 AI，一切都变得更加容易了。

尽管文案层出不穷，但知乎始终青睐那些内容深入、干货满满的答案。综合考虑各方面因素，"解决痛点"无疑是在知乎回答问题时不错的选择。因此，这里向大家推荐一个极为实用的问答模板。这一模板首先直击用户的核心痛点，紧接着提供精准有效的解决方案。我们只需将这些逻辑嵌入提示词模板，即可轻松向 AI 提要求。

【精准回答，吸引流量模板】

你非常擅长运营知乎（给 AI 的定位），请帮助我回答这个问题"×××"，我在知乎的账号是 ××，请根据垂直领域进行回答。答案需要满足以下要求，控制在 ×× 字以内。

第一段：针对问题，用细节描述痛点，有画面感，让用户迅速产生代入感。

第二段：宽慰用户，表达你将呈现什么内容，为用户解决痛点，激发情感共鸣。

第三段：提供方法，分条列出能解决用户痛点且令人眼前一亮的干货。

第四段：讲一个能引起情感共鸣的故事，介绍本回答能给用户带来的利益。

结尾：介绍账号，再添加一两句互动的话，引导关注，为用户提供更多干货。

举例：知乎账号"秋叶 PPT"选择了一个有价值的问题"制作 PPT 的 3 个妙计？"

把案例代入模板，直接提问 AI：

我的知乎账号是"秋叶 PPT"，主要为职场青年提供 PPT 攻略，假设你非常擅长运营知乎，请结合 PPT 制作回答这个问题："制作 PPT 的 3 个妙计？"
答案需要满足以下要求，控制在 300 字以内。
第一段：针对问题，用细节描述痛点，有画面感，让用户迅速产生代入感。

第二段：宽慰用户，表达你将呈现什么内容，为用户解决痛点，激发情感共鸣。

第三段：提供方法，分条列出能解决用户痛点且令人眼前一亮的干货。

第四段：讲一个能引起情感共鸣的故事，介绍本回答能给用户带来的利益。

结尾：介绍 200 万好学青年都在关注的知乎账号"秋叶 PPT"，再添加一两句引导互动的话，引导关注，为用户提供更多干货。

AI 的参考答案：

你是否曾在深夜为制作 PPT 冥思苦想却仍觉得写出的内容平淡无奇？或是在汇报时，无法吸引听众的注意？别担心，你并不孤单。许多职场青年都曾有过这样的困扰。

今天，我将为你提供 3 个制作 PPT 的妙计，助你轻松摆脱这些烦恼。

1. 用"故事思维"构建内容。将你的观点、数据或信息融入一个有吸引力的故事中，让听众在听故事的过程中自然接收你的信息。

2. 运用"视觉化思考"。用图表等视觉元素代替冗长的文字描述，使内容更加直观、易于理解。

3. 注重"逻辑结构"。清晰明了的逻辑结构能让听众更容易跟随你的思路，理解你的观点。

我曾帮助一位职场新人优化她的 PPT，通过运用这 3 个妙计，她的 PPT 在部门汇报中脱颖而出，赢得了领导和同事的一致好评。你也可以通过这 3 个妙计，让你的 PPT 更加出彩。

我是"秋叶 PPT"，一个专注于为 200 万好学职场青年提供 PPT 制作攻略的知乎账号。如果你对制作 PPT 还有任何疑问或需要进一步的帮助，欢迎关注我，与我互动交流。让我们一起努力，提升职场竞争力！

尽管回答字数超出了要求，但整体来看，AI 所给出的这版回答展现出了极高的完成度，开头的痛点能令用户产生情感共鸣，重要的是，提出的 3 个妙计也相当实用。

当然，在此基础上，我们可以根据实际情况对答案进行针对性完善和优化。

4.4 AI 创意短视频文案：用脚本抓住用户心理

想要创作出浏览量飙升的热门短视频吗？

就让 AI 来助我们一臂之力，从短视频脚本创作开始吧。

4.4.1 AI 脚本助手，速成短视频全方案

创作短视频文案相较于创作图文文案更为复杂。这不仅是因为需要

构思更复杂的文案，更关键的是要将文案转化为分镜头，并确保每一个镜头都能与文案紧密相连，共同传达出信息和情感。

对于文案创作者来说，短视频文案创作对综合能力提出了更高的要求。文案创作者不仅需要具备优秀的文字表达能力，还需要具备一定的想象力和导演思维，以确保文案与视频内容完美结合。

随着 AI 的出现，创作短视频的难度正在逐渐降低。现在，我们可以利用 AI 工具来辅助我们进行分镜头的构思和文案的创作，从而提高创作效率和质量。

几乎所有的 AI 工具都配备了"短视频脚本助手"功能，用户只需输入短视频主题，即可迅速生成短视频的全方案，包括文案、脚本，甚至还有镜头描述和配乐设计，操作简便。以下为笔者总结的简易提示词模板，可供参考。

【视频脚本速成模板】

你是短视频脚本创作大师，也是视频脚本速成视频拍摄专家，请为 ×××（对象 / 品牌）创作一个短视频脚本，脚本的具体要求如下。

对象：××××。

脚本要求：有镜头、旁白，有对话场景，有背景音乐（请给出具体的音乐名称），整体能吸引人的眼球，开头 5 秒要能吸引观众，视频时长大概 1 分钟。

把某款祛痘洗面奶的案例代入模板，直接提问 AI：

你是短视频脚本创作大师，也是短视频拍摄专家，请为祛痘洗面奶创作一个短视频脚本，脚本的具体要求如下。

对象：祛痘洗面奶。

脚本要求：有镜头、旁白、对话场景、背景音乐（请给出具体的音乐名称）等元素，整体能吸引人的眼球，开头 5 秒要能吸引观众，视频时长大概 1 分钟。

AI 的参考答案：

祛痘洗面奶 1 分钟宣传片脚本

背景音乐：轻松、清新的旋律，建议使用《清晨的微风》或类似音乐。

开场镜头 (5 秒内)

镜头 1：快速闪过多个受痘痘困扰的脸部特写，展示人们的苦恼。

旁白："痘痘，让你无法自信面对每一天？"

镜头 2：展示祛痘洗面奶的包装和品牌标志。

场景一（第 6 秒—第 20 秒）

地点：家中浴室。

镜头 1：一位年轻女性站在镜子前，不安地摸着脸上的痘痘。

旁白："每个人都值得拥有完美的肌肤。"

镜头 2：她拿起祛痘洗面奶，挤出适量在手心，加水搓出泡沫。

旁白："选择对的洗面奶，是肌肤焕新的第一步。"

场景二（第 21 秒—第 40 秒）

镜头 1：特写展示洗面奶的细腻泡沫和女性用泡沫按摩脸部的动作。

旁白："温和清洁，深入毛孔，带走污垢和油脂。"

镜头 2：洗面奶的成分图像（如植物提取物、矿物质等）以动画形式出现。

旁白："天然成分，呵护你的肌肤。"

对话场景（第 41 秒—第 55 秒）

地点：卧室或客厅。

镜头：该女性与她的朋友坐在沙发上聊天，该女性的肌肤看起来更加清爽。

朋友："你的皮肤怎么突然变得这么好了？"

该女性（微笑）："我用了这款祛痘洗面奶，效果真的很棒！"

旁白："让肌肤焕然一新，重拾自信。"

结尾（第 56 秒—第 60 秒）

镜头：洗面奶包装和品牌标志再次出现在屏幕上，同时展示购买渠道和优惠信息。

旁白："现在就选择我们的祛痘洗面奶，让美丽不再遥远。立即购买享受优惠！"

背景音乐渐弱，屏幕渐黑，宣传片结束。

这篇由 AI 创作的短视频脚本，在结构和内容层面均展现出不俗的水准。当然，由于我们未提供详尽的产品卖点和精确的目标受众信息，或者这个模板的提示词没有那么精准，文案的针对性和指向性略显不足。

尽管如此，我们不得不承认，这篇由 AI 生成的文案在作为初始素材和模板方面，确实给文案创作者，特别是新手带来了丰富的创意灵感，并在效率上提供了实质性的帮助。文案创作者只需按照 AI 提供的短视频全方案进行操作，便能轻松创作短视频。

4.4.2 借助精准提示词模板，一键打造热门短视频

AI 工具的令人惊叹之处，在于其"热搜一键成稿，文稿一键成片"功能（八大 AI 工具使用详情表参见附录）。

现在，生成一段短视频仅需简单两步。

（1）向 AI 发出指令，要求其根据特定要求生成精彩的短视频文案。

（2）再次向 AI 发出指令，让其以生成的短视频文案为基础，快速制作出短视频。

以往需要耗费大量时间才能制作完成的短视频，在 AI 工具的助力下，仅需数秒便能呈现。当然，要确保短视频的质量，核心仍在于运用精准的提示词模板，激发 AI 的潜能，使其帮助我们创作出最符合要求的优

质短视频文案。

总结提示词模板之前，我们来了解热门短视频文案的四大要素。

（1）敏锐捕捉热门话题并转化为垂直领域的选题借助热门话题的流量势能，可以有效拓宽短视频的受众范围，实现短视频的广泛传播，是提升短视频传播效果的关键。

例如，某化妆品品牌推出新品时，捕捉到热门话题"裸妆少女"，迅速将这一热门话题与自身产品特性相结合，创作出短视频，吸引了大量对美妆感兴趣的精准受众，有效提升了新品的知名度和市场影响力。

（2）抓住开头的"黄金 3 秒"。视频的前 3 秒对短视频至关重要，它决定了用户是否会继续观看。我们可以用戳痛点、展示利益点、设置悬念等方式在一开始就吸引用户的注意，从而保证在极短的时间内最大化地激发用户的好奇心和探索欲望。

例如，某短视频中，一位服务员一出场就在下楼梯时不慎摔倒，被扶起来的第一句话却是"精油碎了吗？"，如此反常规的行为迅速引起用户的好奇心，引发他们的浓厚兴趣，从而让他们愿意继续探索后续的内容。

（3）通过情感共鸣与痛点触发链接用户的深层次情感。情感共鸣与痛点触发是短视频创作触动人心的重要方式。

例如，某短视频，以一位刚失去工作的年轻人在雨中漫无目的地行走为背景，配合悲伤的音乐，展现了他在生活中的无助和迷茫。然而，随着剧情的推进，这位年轻人逐渐收拾起心情，开始积极寻找新的工作机会，并在经历一系列挫折后终于找到了新的方向。

这个短视频触动了大量观众的内心，尤其是那些曾经或正在经历职业困境的人。他们在评论区分享自己的故事，表示这个短视频给了他们勇气和希望。

（4）无距离感的语言表达方式。这种语言表达方式让用户感受到如同朋友间的交谈舒适感，自然流畅。

例如，一个家居用品推广短视频以家庭主妇的视角展开，通过展示主妇在日常生活中如何轻松使用该产品解决家务问题，让观众感受到产品的实用性和便捷性。重点是，短视频中的语言亲切自然，让人感觉仿佛在与一位老友聊天，从而拉近了与用户的距离，提升了用户对产品的好感度。

把以上四大要素转化为提示词模板，直接提问 AI，让其帮助创作短视频文案。

【短视频文案速成模板】

你是短视频文案创作大师，也是短视频拍摄专家（给 AI 的定位），请为 ×××（对象/品牌）创作一篇短视频文案，×× 字左右。文案请按以下结构撰写。

总：开头要求高潮前置，用"直戳痛点/展示利益"方式制造冲突，通过具体案例，激发用户产生代入感，吸引用户继续观看。

分：通过"展示利益"为用户解决痛点；通过情节描述，分享对用户有帮助且打破一般认知的知识点，满足用户的猎奇心。

总：结尾适当煽情，增强文案感染力，引起用户的情感共鸣，引导用户关注或下单。

文案要求口语化，亲切自然，拉近与用户的距离。

举例：现在需要借助 AI 制作短视频文案，主题为"3 个技巧，高效撰写高质量短视频文案"。

把案例代入模板，直接提问 AI：

你是短视频文案创作大师，也是短视频拍摄专家，请以"3 个技巧，高效撰写高质量短视频文案"为主题撰写一篇短视频文案，400 字左右，请按以下结构撰写。

总：开头要求高潮前置，用"直戳痛点"方式制造冲突，通过具体案例，激发用户产生代入感，吸引用户继续观看。

分：文案主题，通过"展示利益"为用户解决痛点，通过情节描述，分享对用户有帮助且打破一般认知的知识点，满足用户的猎奇心。

总：结尾适当煽情，增强文案感染力，引起用户的情感共鸣，引导用户关注或下单。

文案要求口语化，亲切自然，拉近与用户的距离。

AI 的参考答案：

你有没有遇到过这样的困境？每次拍摄短视频时，总是纠结于如何写出吸引人的文案。

别担心，我今天就来给你揭秘，如何用 3 个技巧轻松撰写出高质量的短视频文案！

技巧 1，你要明确你的目标用户是谁，找准他们的痛点。

比如，如果你的用户是喜欢旅游的人，你可以说："你是否也曾为旅行中的拍摄技巧而烦恼？"这样一下子就能引起他们的共鸣。

技巧 2，展示利益。你的文案要让用户明白，看了你的视频，他们能得到什么好处。比如："学会这 3 个技巧，你也能轻松拍摄出令人惊艳的旅行大片！"

技巧 3，别忘了在文案中加入一些新奇的知识点，满足用户的好奇心。比如："你知道吗？其实光线和角度的选择，对视频的影响竟然这么大！"

好了，现在你已经掌握了这 3 个技巧，是不是感觉写文案也没那么难了呢？如果你觉得这些技巧对你有帮助，别忘了关注我，我会持续分享更多实用的视频拍摄和文案创作技巧。让我们一起成为短视频文案创作的高手吧！记得点赞、分享哦！

可以说，AI 根据提示词模板撰写的这段短视频文案，完美地诠释了"3 个技巧写出爆款短视频文案"的核心要义。尤其是每个建议背后的"比如"案例，不仅激发了用户的兴趣，还在情感上与用户产生了强烈的共鸣。你看到这样的短视频，是否会马上关注号主？

令人惊叹的是，AI 的能力远不止于此。若将这段由 AI 精心创作的短视频文案，再次输入到度加创作工具中，它能在数秒内生成视频，无论是背景音乐、配图，还是配音，都能一键轻松生成。这无疑展示了 AI 在视频制作领域的强大实力与便捷性。

毫不夸张地说，AI 工具能取代很多自媒体运营中的重复类工作，然而，从另一个角度来看，如果自媒体运营者能够熟练运用 AI 技术，那么他们的创作效率和创意将得到极大的提升。因此，AI 技术既是一种挑战，也是一种机遇，关键在于我们如何把握和运用它。

4.5　AI 撰写直播文案：又快又好，10 秒内吸引用户

直播电商正成为当下新风口。然而，要在这个风起云涌的竞技场上占据一席之地，吸引用户的注意，并引导他们进入你的直播间，直播脚本便是你的制胜法宝。幸运的是，AI 使得直播脚本创作变得容易很多。

4.5.1　了解直播脚本特点，AI 逐个击破

要撰写直播脚本，需深入了解其独特之处。

（1）直播脚本要连贯，形成闭环。

直播脚本与其他脚本的显著区别在于其完整性和连贯性。一个优质的直播脚本应当是一个有机的整体，各个环节紧密相连，形成闭环。从暖场环节开始，逐步引导观众进入状态，再通过"拉停留"策略延长他们的观看时间；接着，通过互动环节提升观众的参与感，不失时机地引导他们关注；在产品介绍和成交环节，要精准传达产品价值，促使观众下单；此外，产品介绍的流畅以及结尾的温馨祝福都是直播脚本不可或缺的部分。

表 4-1 展示了一个通用的直播脚本模板。

表 4-1　通用的直播脚本模板

×××（主题），× 月 × 日直播	
直播主题	×××
主播	×××
其他	
直播流程	
1. 直播准备（如设备、人员、场景、商品、资料等）	
2. 暖场	
3. 互动引导	
4. 直播活动介绍	
5. 产品讲解	
6. 互动引导	
7. 成交	
8. 互动引导	
9. 结束直播，感谢用户	

当然，不少直播间会循环展示和售卖产品，这就要求我们在设计直播脚本时，多设计几套话术。脚本最好能细化到每一分钟，这样直播时才不至于无话可说。

（2）"人、货、场"契合。

一场好的直播是"人、货、场"匹配得当的结果，直播脚本也要兼顾"人、货、场"的契合。

首先，需要注意不同工作人员的特点和分工。比如，不同主播常用的话术可能不同，主播、助播等承担的主要工作内容也是不同的，因此话术的侧重点不一样。其次，需要从产品卖点中提炼出核心卖点。最后，关注场景也很重要，直播主题、直播产品、直播时间段不同，脚本也不一样。比如，有的直播突出福利，有的直播侧重娱乐互动。

（3）即时更新。

随着时间的推移，用户对直播间一成不变的话术会逐渐产生审美疲劳。因此，为了保持直播的吸引力，每一套直播脚本在使用一段时间后都需要进行细致的迭代和及时的更新。幸运的是，现在我们有了 AI 的帮助，能够结合直播间的实际情况轻松生成多套话术，为直播注入新的活力。

4.5.2　开场话术：营造氛围，锁定用户

直播的开场，犹如一部电影的序幕，至关重要。一个精心设计的开场话术能迅速营造氛围，为整场直播定下基调。

以下 3 种开场话术，结合具体案例，形成提示词模板，助力大家轻松驾驭直播。

（1）自我介绍：引导用户关注。

秋叶品牌创始人、百万畅销书作家秋叶大叔每次直播时，都会这样介绍自己："大家好，我是秋叶大叔，一个中年'网红'，擅长 PPT 制作、社群营销、新媒体运营、直播等，新来的小伙伴可以关注我，我以后会直播教给大家一些很实用的知识和技能。"

这样的自我介绍，能让用户迅速了解秋叶大叔是做什么的，能为用户提供什么服务和利益，如果遇到精准目标用户，能直接吸引其关注账号成为粉丝。

（2）破冰话术：热情互动，化解冷场。

主播小张每次直播开场都会与用户进行互动。他会说："刚进来的宝宝们，快在评论区打个'1'，让我看看有多少人在线！同时，如果你们有什么问题或者想聊的话题，也可以告诉我！"这样的破冰话术不仅打破

了尴尬，还让用户感到被重视，更愿意参与互动。

（3）直播主题介绍：直击要点，吸引精准用户。

秋叶大叔主播团队的老师，在一次关于 PPT 课程的训练营招募直播中，开场就直接介绍了直播主题和用户能获得的利益："各位小伙伴，现在是 8 点整，欢迎大家来到秋叶大叔的直播间。今天晚上的 45 分钟的 PPT 课程，能帮你轻松搞定年终总结 PPT 制作。"这样的话术不仅明确了直播主题，还突出了用户能从中获得的利益，有效吸引了精准用户的注意。

我们把以上 3 种话术归纳成提示词模板，直接提问 AI。

【锁定用户开场话术模板】

现在你是一位设计直播开场话术的高手（给 AI 的定位），请为我设计锁定用户的开场话术，我是 ××（我的标签、人设），我销售的产品是 ××，我的个性是 ××（便于 AI 生成个性化话术）。

请根据以下要求为我撰写具有针对性的开场话术。

1. 请根据我的人设为我设计独特的自我介绍，体现出我能为大家带来的利益。

2. 请根据我的人设为我设计简单好记的互动话术。

3. 请结合我销售的产品为我设计主题介绍话术，集中体现直播能为大家带来的利益。

请根据以上要求分别生成 2 个话术，口语化，体现我的个性，每句 ×× 字左右。

举例：某全职妈妈想通过直播销售早餐产品，但她完全没有经验，能否让 AI 直接帮她生成具有针对性的开场话术？

把案例代入模板，直接提问 AI：

现在你是一位设计直播开场话术的高手，我是一名妈妈，白天带孩子，晚上直播，计划销售适合孩子吃的早餐产品，我为人真诚。请根据以下要求为我撰写开场话术。

1. 请根据我的人设为我设计独特的自我介绍，体现出我能为大家带来的利益。

2. 请根据我的人设为我设计简单好记的互动话术。

3. 请结合我销售的产品为我设计主题介绍话术，集中体现直播能为大家带来的利益。

请根据以上要求分别生成 2 个话术，口语化，体现我的真诚个性，每句 50 字左右。

AI 的参考答案：

【自我介绍】

1. 嗨，大家好！我就是那个白天带孩子、晚上直播的妈妈。你们想学好吃的宝宝早餐吗？既让宝贝吃得开心，还能认识更多伙伴，何乐而不为呢？

2. 大家好！白天我是全职妈妈，晚上就成了你们的主播。来，跟我一起做宝宝的早餐，让宝宝的早餐也能变得简单又美味！

【互动】

1. 有没有觉得做早餐很麻烦的妈妈？举个手让我看看！哈哈，没关系，今天我就教你们几招，轻松搞定营养又好吃的宝宝早餐。

2. 哎呀，看到这么多热情的留言，我都要感动了！大家这么支持我，我更要努力给大家推荐健康美味的宝宝早餐产品！

【主题介绍】

1. 妈妈们，今晚我给大家带来的早餐产品，都是我尝试过，觉得很不错的。该产品有营养，口感好，绝对让你们物超所值！

2. 大家晚上好！今晚我要给大家介绍几款超级方便又超级好吃的宝宝早餐。相信我，你们一定会喜欢的！

这个提示词模板的最大亮点在于，它能根据主播的人设生成极具个性的开场白，无疑为初入直播领域的伙伴们提供了强有力的支持。通过 AI 预先高效地准备十几个吸引人的开场白，新手主播们就能够轻松搭建起自己的直播话术库，为未来的直播之旅奠定坚实的基础。

4.5.3 过品话术：推荐产品，促进转化

在直播的宝贵时间里，过品话术尤为关键，主播不仅要充分把握每分每秒，还要以不失趣味的方式精准地展示产品的独特卖点。

直播的过品话术分为以下 4 个环节。

（1）产品预告。

在这个环节，我们需要迅速而精准地介绍产品的核心卖点，暂时不上架产品，以此吸引潜在用户并促使他们停留在直播间。

（2）产品介绍。

在这个环节中，我们将从品质保证、感官体验、创新元素、包装设计、优质服务、资质认证、社交属性、价值共鸣、稀缺性、价格优势以及附加值等多个维度深度挖掘产品的卖点。但值得注意的是，无须一次性展示所有卖点，本环节应聚焦于几个最具吸引力的核心卖点。次要卖点可以在后续的互动环节或答疑时补充介绍。

（3）成本拆解。

单纯宣称产品价格低廉往往缺乏说服力。因此，我们需要详细拆解产品的成本，当用户看到各项成本加起来远超产品的售价时，他们自然会认为："这价格真值，得买！"

（4）价格对比。

通过价格锚定和对比，我们能直观地展示产品的价格优势，从而有效推动用户做出购买决策。当用户意识到在直播间能获得更优惠的价格时，他们会更倾向于下单购买。

我们把以上 4 个环节，转化成提示词模板，直接提问 AI。

【促进转化的过品话术模板】

现在你是一位撰写直播过品话术的高手（给 AI 的定位），你需要根据我给出的产品名称和产品亮点撰写直播过品话术，你需要体现产品的亮点，激发用户购买欲。

请根据以下环节，撰写对应的过品话术。

1. 产品预告：根据用户痛点精准介绍产品核心卖点，吸引潜在用户。

2. 产品介绍：多维度深挖产品卖点，介绍本场直播的主打卖点。

3. 成本拆解：要求详细拆解产品的成本，让用户感觉产品物超所值。

4. 要求话术口语化，通过细节描述引发用户情感共鸣，每个控制在 ×× 字。

举例：秋叶写书私房课的产品亮点是"专业编辑指导写书，对接优质出版社，助力实现出书梦"，请 AI 协助撰写一段过品话术。

把案例代入模板，直接提问 AI：

现在你是一位撰写直播过品话术的高手，请为我撰写直播过品话术，我的产品名称是"秋叶写书私房课"，产品亮点是"专业编辑指导写书，对接优质出版社，助力实现出书梦"，你需要体现产品的亮点，激发用户购买欲。

请根据以下环节，撰写对应的过品话术。

1. 产品预告：根据用户痛点精准介绍秋叶写书私房课的亮点，吸引潜在用户。

2. 产品介绍：多维度深挖秋叶写书私房课的卖点。

3. 成本拆解：要求详细拆解出书的成本，让用户感觉秋叶写书私房课物超所值。

4. 要求语术口语化，通过细节描述引发用户情感共鸣。

AI 的参考答案：

1. 产品预告

家人们，你们有没有这样的梦想，就是把自己的人生经历、专业知识或者独特见解写成一本书，与他人分享？但又苦恼于不知如何下笔、怎样梳理内容、怎样联系出版社？别担心，今天我给大家带来的这个秋叶写书私房课，就是你们实现出书梦的绝佳选择！

2. 产品介绍

这个秋叶写书私房课不仅仅是一门课程，它更是一个全方位的服务体系。在这里，你将会得到专业编辑的一对一指导，从选题立意到章节安排，再到文字表达，都会得到精细化的打磨。更重要的是，课程还会帮你对接优质的出版社，让你的作品有机会真正出版，面向全国的读者。你的作品不仅仅是一本书，更是你个人品牌的一张名片，是你知识和经验的传递，是你影响力和价值的体现！

3. 成本拆解

家人们可能会想，这样的服务肯定要花不少钱吧？其实不然。

你们想想，如果自己去联系编辑、出版社，不仅要耗费大量时间和精力，还可能因为写出的内容与出版标准相差过大而碰壁。而在这里，所有的资源和服务都已经为你准备好，你只需要专注于你的创作。我们帮你算了一笔账，单独请一个专业编辑指导，费用可能就要上千元；再加上与出版社的沟通成本、时间成本，整体花费可想而知。但今天，你只需要一个非常实惠的价格，就能享受到这一切！

家人们，出书不仅仅是为了实现自己的梦想，更是为了让更多人了解你的思想和故事。这样的机会，难道不是很难得吗？我知道你们中有很多人有才华、有故事，只是缺少一个展示的平台。现在，秋叶写书私房课就为你提供了这样一个平台，快来加入我们，一起实现你的出书梦吧！

AI 根据提示词模板撰写出的过品话术，不仅精准地触及了用户的痛点，而且在促单方面也表现得相当出色。对于新手主播来说，这无疑是一份极佳的直播话术，能够帮助他们更加自信、流畅地进行直播。

当然，经验丰富的主播可以在这个模板的基础上，融入更多真实的用户反馈、生动的实际案例，以及权威的认证信息，进一步训练 AI，创作出极具特色的过品话术，从而吸引更多用户。

4.5.4 结束话术：献上温暖，引导预约

直播最后，以温暖的结束语，为直播打造一个完美闭环。

（1）感谢陪伴，承诺未来给予更多福利。

举例：某主播的结束语真诚又谦卑，使主播在直播结束前收获了不少新粉丝："谢谢你们陪我到现在，遇到大家真的很幸运，如果没有大家，我什么都不会有，什么都不是，真的，我就是一个普普通通的人，以后我会努力带给大家更多福利。"

（2）送上祝福，表达关心，引导关注主播。

举例：某主播在下播前通过"关注账号抽奖"的方式给粉丝送福利："这么多朋友还在线呀！那我再给大家抽一次奖好不好？请大家点击我的头像，关注我，我来给大家送一波福利。大家想要××，还是××呀？你们定。抽完奖，大家要早点睡觉哟！少熬夜，身体好，工作轻松，少烦恼。"

（3）预告下一场直播，明确商品，承诺优惠。

"明天晚上 8 点，是大家心心念念的轻奢包折扣专场，给大家准备了超多福利，不要错过！"

我们把这些逻辑归纳为提示词模板，直接提问 AI，让 AI 为我们提供具有针对性的结束话术。

【引导预约的结束话术模板】

现在你是一位设计直播结束话术的高手（给 AI 的定位），请为我设计直播结束话术，我是 ××（我的标签、人设），我推荐的产品

是 ××（品牌、产品），我为人 ××（便于 AI 生成个性话术）。

请根据以下要求为我撰写有针对性的结束话术。

1. 真诚感谢用户的陪伴，表达以后会更努力为用户争取福利。

2. 根据主播人设、产品领域，送上具有针对性的祝福，表达对用户的关心。

3. 预告下一场直播的时间，承诺给用户争取福利，引导用户预约、关注。

4. 话术口语化，通过聊天增进感情，体现主播个性，根据以上要求各提供 1 段话术。

举例：某全职妈妈直播销售早餐产品，能否让 AI 生成具有针对性的结束话术？

把案例代入模板，直接提问 AI：

现在你是一位设计直播结束话术的高手，请为我设计结束话术。

我是一名妈妈，白天带孩子，晚上直播，计划销售适合孩子吃的早餐产品，我为人真诚。

请根据以下要求为我撰写直播结束话术。

1. 真诚感谢用户的陪伴，表达以后会更努力为用户争取福利。

2. 根据主播人设、产品领域，送上具有针对性的祝福，表达对用户的关心。

3. 预告下一场直播的时间为明天晚上 8 点，承诺给用户争取
福利，引导用户预约、关注。

4. 话术口语化，通过聊天增进感情，体现主播的真诚和用心，
根据以上要求各提供 1 段话术。

AI 的参考答案：

1. 真诚感谢

"哎呀，这一晚上过得真快，感觉就像和大家聊了很久的天。
真的特别感谢每一位陪伴我到现在的朋友，你们是我最大的动
力。妈妈们白天带孩子那么辛苦，晚上还能来支持我，真的让
我很感动。我会更加努力地为大家挑选好产品，争取更多福利，
不辜负大家的支持和信任。谢谢你们，真的！"

2. 针对性祝福

"好啦，妈妈们，辛苦了一天了，该休息了。希望你们和宝贝们
都能有个甜甜的梦。对了，别忘了明天的早餐！记得给孩子准备
一份营养又美味的早餐，让他们一天都充满活力。我在这里祝福
每一位妈妈和孩子，每天都能拥有美好的开始！晚安啦！"

3. 预告与引导

"好啦好啦，今晚的直播就先到这里啦。但是别忘了，明天晚
上 8 点，我还会在这里等你们！到时候会有更多的惊喜和福利
等着大家！一定要记得来！别忘了预约、关注，这样就不会错
过任何一场精彩的直播啦！我们明天晚上再见啦！"

结束话术的重点，不仅在于预告下一场直播的时间、产品、福利，更在于传递出主播的独特魅力。无论是长久陪伴的粉丝，还是关注不久的粉丝，都渴望在互动中感受到主播的真心与温暖。所以，情感联系是结束话术的重点，目标是让粉丝喜欢主播，习惯每天来"见"主播。

4.6 AI 驱动微信公众号：拥抱亿万流量

随着短视频的兴起，原创长图文的阅读量受到了一定冲击，但得益于庞大的微信用户基础，微信公众号仍然是文案创作者获取流量的重要阵地。在 AI 应用方面，尽管 AI 工具在短文案撰写上表现出众，但在长文案创作领域，其优势则相对受限。

免费 AI 平台通常存在严格的字数限制，如某些平台输入文字限 300 字以内，非会员体验相对较差。然而，AI 工具在长文案创作上的不足并不限于字数限制。更重要的是，AI 工具固有的问题难以避免，如语义理解存在歧义、缺乏情感连接等。这些问题使得长文案无法像短文案那样通过 AI 轻松实现"一键修改"。

因此，对于长文案的创作，我们需要采取更为细致的策略。通过将长文案拆分为选题、标题、框架和段落等多个部分，再运用精准的提示词模板对每一部分进行有针对性地撰写、润色，我们可以更好地引导 AI 生成符合需求的内容。最后，再进行汇总和完善，形成一篇完整的长文案。

尽管如此，只要我们能够熟练掌握 AI 提示词模板的使用技巧，即使需要拆解和组装文案，AI 仍然能够为文案创作者提供强大的助力，显著提升创作效率和创意水平。本节所介绍的 AI 撰写长文案的技巧不仅适用于微信公众号长文案的创作，也能为今日头条、百家号等资讯平台的长文案撰写提供支持和借鉴。

4.6.1 个性价值两不误，AI 征选热门选题和标题

随着微信公众号的增多，信息量也越来越大，如何使内容脱颖而出是公众号文案必须面对的大问题。好的文案内容一般都具备以下两个特点。

（1）个性化。

公众号同质内容泛滥，用户很容易产生审美疲劳。因此文案内容需要有个性，这样才能吸引用户的注意力，牢牢地抓住他们的眼球。

（2）实用价值。

文案内容必须实用，且能给用户提供价值。这种价值可以体现在情感和商业方面。如果用户从文案中获得的价值令他们足够满意，他们就会对公众号产生信任，并且容易产生购买欲望。

所以，当我们计划撰写某主题的公众号文案时，我们可以以这两个逻辑为基础，形成提示词模板。我们直接把案例代入模板，提问 AI，让 AI 为我们筛选合适的选题。

【热门选题速成模板】

你是一个公众号文案高手（给 AI 的定位），请你为我提供 10 个以"高情商处理职场陷阱"为主题的微信公众号文章选题，请符合以

下要求。

1. 符合微信公众号阅读量 10 万多的文章的特征。

2. 选题角度一定要个性化，与众不同，吸引用户。

3. 选题内容一定要有实用价值。

AI 给的参考答案：

1. 情商高手教你如何优雅应对职场陷阱。

2. 职场陷阱无处不在？高情商人士这样做……

3. 揭秘！高情商职场人的"陷阱免疫"秘籍。

4. 情商决定职场高度：如何巧妙化解职场陷阱？

5. 职场"小白"也能变高手！高情商处理陷阱的三大法则。

6. 那些让职场人栽跟头的陷阱，情商高手如何轻松应对？

7. 职场陷阱大考验！你的情商够高吗？

8. 别让职场陷阱毁了你的前程！高情商策略助你化险为夷。

9. 高情商职场人的共同秘密：陷阱也能变跳板。

10. 情商进阶课：职场陷阱不再是难题。

可以说，AI 根据提示词模板提供的这 10 个微信公众号文章选题，既精准戳中用户痛点，吸引眼球，又具备实用性和深度，如果文案内容有价值，很容易培养用户的信任和激发其购买欲望。

接下来，我们将第 6 个选题"那些让职场人栽跟头的陷阱，情商高

手如何轻松应对？"，代入提示词模板，直接提问 AI，让 AI 为我们生成
吸睛标题，供我们选择。

【爆款标题万能模板】

　　你是一个公众号文案高手，请根据选题"那些让职场人栽跟头的
陷阱，高情商者如何轻松应对？"，按以下方式生成标题，每个标题
30 字左右（公众号标题字数建议不超过 30 个字）。

1. 提问引起兴趣：用问题引起读者的好奇心，引导他们探索答案。

2. 借助名人：借助名人效应，提高文案的可信度。

3. 悬念吸睛：留下未解之谜，激发读者的探索欲。

4. 借助热点：结合热点，提供独到见解，吸引关注。

5. 用数字说话：用精确数据传达信息，提升说服力。

6. 情感共鸣：触动读者，建立情感连接。

7. 逆向思维：打破常规，提供新颖视角，引人深思。

8. 对比突出：利用对比强调差异，突出主题。

　　AI 给的参考答案：

　　1. 提问引起兴趣：职场陷阱无处不在，你是否准备好？看高
情商者如何机智应对！

2. 借助名人：职场达人亲授！轻松绕过陷阱，高情商策略大揭秘！

3. 悬念吸睛：职场陷阱暗藏玄机，高情商者竟能如此轻松化解！

4. 借助热点：职场如战场，陷阱无处不在！高情商者教你如何应对，成为职场赢家！

5. 用数字说话：职场中 99% 的人都会遇到的陷阱，但只有 1% 的高情商者能轻松应对！

6. 情感共鸣：职场陷阱让人疲惫不堪，高情商者的应对之道让人流泪！

7. 逆向思维：职场陷阱也能成跳板？高情商者的逆向操作让人拍案叫绝！

8. 对比突出：职场陷阱和高情商应对，看高情商者如何轻松制胜！

大家发现了吗？ AI 在协助我们寻找选题和生成标题时所采用的方法，其实与我们在 3.1.1 小节中提到的提示词模板有着异曲同工之妙。实际上，我们只是将长文案进行拆解细化，然后逐步组装，以达到更理想的效果。这一过程不仅体现了 AI 的智能性，也展示了我们在文案创作中的灵活性和策略。

虽然需要将长文案进行拆解和组装，但 AI 还是能为我们省去大量在文案创作初期需要投入的时间和精力，也让我们有更多精力去专注于文案的创意和内容质量。

4.6.2　公众号软文有模板，AI 指令出奇招

公众号软文的创作空间是广阔的，对于经验丰富的文案创作者来说，创作难度小。然而，文案创作的初学者在面对公众号软文的大量字数时，可能会感到创作的难度较大。为此，此外为大家介绍 4 种常见的公众号软文模板。

（1）痛点故事＋解决方法＋用户反馈＋引出产品。

首先，开头通过讲述一个与用户痛点相关的故事，引发用户共鸣；然后，提出一个针对这个痛点的解决方法，让用户感到有希望；接下来，展示一些用户反馈，证明这个方法的有效性；最后，自然地引出产品，作为解决痛点的关键。

（2）好笑段子＋好笑细节＋反转故事＋引出产品。

首先，开头用一个好笑的段子吸引用户注意；其次，通过描述一些好笑的细节，让用户更加投入；接下来，通过一个有反转的故事，让用户感到惊喜；最后，巧妙地引出产品，作为这个故事的高潮。

（3）颠覆观点＋案例证明＋权威证言＋引出产品。

首先，提出一个颠覆性的观点，引发用户思考；然后，通过一些实际的案例，证明这个观点的正确性；接下来，引用一些权威的证言，增加这个观点的可信度；最后，自然地引出产品，作为这个观点的最佳证明。

（4）干货 1＋干货 2＋干货 3＋引出产品＋干货汇总，引导收藏。

首先，分享一些实用的干货，让用户感到有收获；然后，继续分享更多的干货，让用户感到满足；接下来，巧妙地将产品融入干货中，让用户感到有需要；最后，对这些干货进行汇总，并引导用户收藏，以便他们随时查阅。

文案创作是千变万化的，如果我们不知道如何挖掘创意，无法形成固定的行文逻辑，那么，根据模板补充内容是最靠谱的方式。现在，我们把 4 个指令融入提示词模板中，通过精准的提示词模板，让 AI 助力我们写出条理清晰的大纲。

【清晰大纲万能指令】

指令 1：

你是一名公众号文案高手（给 AI 的定位），我想让你为我写一篇公众号软文，现在不要自由发挥，我先给你发 4 个框架，你学习并理解后，等我发送指令，再开始写作。

AI 的回答：

明白了，请你先发送框架要求，我会仔细学习和理解。在你给出指令后，我会严格按照你的要求进行撰写。请随时告诉我何时开始写作，我会为你提供高质量的软文内容。

指令 2：

你先不要自由发挥，以下是 4 个公众号软文框架，请学习并理解。

1. 痛点故事 + 解决方法 + 用户反馈 + 引出产品。
2. 好笑段子 + 好笑细节 + 反转故事 + 引出产品。
3. 颠覆观点 + 案例证明 + 权威证言 + 引出产品。
4. 干货 1+ 干货 2+ 干货 3+ 引出产品 + 干货汇总，引导收藏。

AI 的回答：

好的，我已经收到了你提供的四个软文框架，并且已经学习理解了它们的内容和要求。现在，我随时可以开始根据你的指令，使用这些框架之一或结合多个框架来撰写软文。请告诉我你希望使用哪个框架，以及软文的主题或产品，我会立即开始为你创作。

同时，我也可以根据你的具体需求，对软文进行个性化的定制，以确保内容能够精准地传达你想要的信息，并吸引目标受众的关注和兴趣。请随时给出指令，我会为你提供最优质的服务。

指令 3：

请严格按我刚才给你发的 4 个框架，为我针对性撰写 4 则软文大纲和小标题，软文题目是"我吃的海鸭蛋，真的是海鸭在海滩上下的"，推广的产品是不二酱的海鸭蛋。

AI 的参考答案：

好的，根据你的指令，我撰写了 4 篇软文大纲和小标题，以推广不二酱的海鸭蛋。

框架一：痛点故事 + 解决方法 + 用户反馈 + 引出产品。

软文大纲如下。

小标题 1："海边的秘密：你吃的海鸭蛋从何而来？"

描述消费者对海鸭蛋来源的疑惑和好奇。

小标题 2："寻找真正的海鸭蛋之旅"。

讲述一个寻找纯正海鸭蛋的旅程，突显产品的纯正来源。

小标题 3："解决之道：不二酱的海鸭蛋"。

介绍不二酱如何确保海鸭蛋的品质和来源。

小标题 4："食客的真实声音"。

引用消费者的正面反馈，体现不二酱海鸭蛋的优质口感和独特风味。

小标题 5："海边的味道，带给您家的温馨"。

结尾部分，强调不二酱海鸭蛋能够带给消费者家的味道和温馨。

框架二：好笑段子 + 爆笑细节 + 反转故事 + 引出产品。

软文大纲如下。

小标题 1："海鸭开会，笑话连篇"。

以幽默的方式描述海鸭们在海滩上的趣味生活，为文章定下轻松愉快的基调。

小标题 2："鸭蛋？海鸭蛋？傻傻分不清楚"。

通过分不清什么是海鸭蛋，讲述消费者对普通鸭蛋和海鸭蛋的误解和趣事。

小标题 3："不二酱海鸭蛋，让你一次尝遍海的鲜美"。

引出产品，介绍不二酱海鸭蛋的独特之处和美味。

框架三：颠覆观点 + 案例证明 + 权威证言 + 引出产品。

软文大纲如下。

小标题 1："你还在吃普通的鸭蛋吗？OUT 了！"

颠覆传统观点，提出海鸭蛋比普通鸭蛋更具营养和美味的观点。

小标题 2："海鸭蛋，不仅仅是鸭蛋"。

通过案例证明海鸭蛋的优质和独特性，比如营养成分对比、口感体验等。

小标题 3："专家都说了，海鸭蛋更胜一筹"。

引用权威证言，强调海鸭蛋的优越性和健康益处。

小标题 4："不二酱海鸭蛋，专家推荐，品质之选"

引出产品，强调不二酱海鸭蛋的高品质和专家推荐。

框架四：干货 1+ 干货 2+ 干货 3+ 引出产品 + 干货汇总，引导收藏。

软文大纲如下。

小标题 1："海鸭蛋的营养价值知多少"。

介绍海鸭蛋的营养成分和健康功效。

小标题 2："如何挑选优质的海鸭蛋"。

提供挑选海鸭蛋的方法和技巧。

小标题 3："不二酱海鸭蛋，你的健康之选"。

切入产品，介绍不二酱海鸭蛋的特点和优势。

小标题 4："海鸭蛋知识大全，值得收藏！"

总结海鸭蛋的相关知识和不二酱海鸭蛋的购买信息，引导读者收藏。

指令 4：

你是公众号文案大神，请从"个性化"和"用户接受"角度，为以上 4 个框架评分，满分 10 分，帮我挑选最有机会实现高转化率的一篇，并分析原因。

AI 的回答：

从"个性化"和"用户接受"的角度，我会为以上 4 个框架评分，并挑选出最有可能实现高转化率的一篇。以下是对 4 个框架的评分及挑选结果。

框架一：痛点故事 + 解决方法 + 用户反馈 + 引出产品。

个性化评分：9 分。

这个框架能够深入洞察用户的痛点，并通过个性化的故事叙述，让用户感受到问题与自己息息相关，提供定制化的解决方案，高度符合个性化的要求。

用户接受评分：10 分。

通过讲述用户真实的痛点故事，引出解决方法和用户反馈，这种方式能够很好地建立用户与产品之间的信任感，使得用户对产品的接受度非常高。

框架二：好笑段子 + 爆笑细节 + 反转故事 + 引出产品。

个性化评分：7 分。

虽然幽默和反转元素可以吸引一部分用户的注意，但这种方式的个性化程度相对较低，因为它更侧重于娱乐性，而非针对用户的特定需求或痛点。

用户接受评分：8 分。

娱乐性的内容能够吸引用户的眼球，提高用户的阅读兴趣，但可能不直接针对用户的核心需求，因此在用户接受产品方面可能稍逊一筹。

框架三：颠覆观点 + 案例证明 + 权威证言 + 引出产品。

个性化评分：6 分。

这种框架主要通过颠覆性的观点和权威证明来吸引用户，虽然有一定的个性化元素，但可能不如直接针对用户痛点的故事更具吸引力。

用户接受评分：7 分。

颠覆观点和权威证明能够提升产品的信誉和可靠性，但可能对于普通用户来说过于严肃和理论化，导致用户接受度不高。

框架四：干货 1+ 干货 2+ 干货 3+ 引出产品 + 干货汇总。

个性化评分：5 分。

虽然提供了实用的干货信息，但这种框架在个性化方面相对较弱，因为它更侧重于普遍适用的信息，而非针对个体的特定需求。

用户接受评分：7 分。

干货内容对于寻求实用信息的用户来说是有价值的，但这种框架在产品推广方面可能不够直接，因此用户接受度不高。

综合个性化和用户接受度的评分，我认为"框架一：痛点故事 + 解决方法 + 用户反馈 + 引出产品"最有机会实现高转化率。原因是这个框架能够直接触及用户的痛点，通过真实的用户故事和解决方法来建立信任感，提高用户对产品的接受度。同时，用户反馈的引入进一步增强了产品的可信度，使得用户更愿意尝试和购买。这种方式既具有高度的个性化，又能很好地被用户接受，因此最有可能实现高转化率。

借助包含提示词模板的指令，AI 已成功助力我们顺利完成公众号文案撰写的前三阶段——选题、标题与大纲的确定。

　　不仅如此，它更如一位富有经验的文案导师，细致入微地指导我们如何深入思考和流畅撰写。既帮助我们创作，又指导我们思考创作路径，AI 无疑已成为我们不可或缺的得力助手，让我们的创作之路更加顺畅。

4.6.3　优化细节，精准表达，AI 助力文案高级感

　　鉴于当前 AI 的技术水平，让 AI 直接撰写出高质量的软文仍具挑战。因此，我们需要在"痛点故事＋解决方法＋用户反馈＋引出产品"框架的基础上，逐一拆解优化。

　　（1）根据提示词模板，撰写框架的第 1 段文案。

　　（2）根据提示词模板，丰富细节，扩写、润色第 1 段内容。

　　（3）重复以上步骤，直至完成框架的 4 段文案，汇总成文。

　　（4）优化框架的所有小标题（参考 4.6.1 小节中的提示词模板）。

　　提示词模板如下，直接提问 AI，让其为我们撰写软文的第一段内容。

　　根据 4.6.2 小节框架一的大纲和小标题，总结归纳提示词模板如下。

【高级感文案速成模板】

　　作为文案大神（给 AI 的定位），请你为你想撰写的大纲段落撰写×××字内容，要求如下。

　　1. 开头用金句／故事引出段落核心观点××，激发用户好奇心促发阅读。

2. 中间通过细节描述验证开头的观点，激发用法用户情感共鸣，增进信任感。

3. 结尾用金句对以上观点进行汇总升华点。

4. 请确保示例语言流畅、逻辑清晰。

把案例代入提示词模板，直接提问 AI 撰写软文的第 1 段内容。

作为文案大神，请你为软文《我吃的海鸭蛋，真的是海鸭在海滩上下的》的第一个小标题"海边的秘密：你吃的海鸭蛋从何而来？"提供 400 字左右的内容示例，要求如下。

1. 开头用故事引出"海边的秘密：你吃的海鸭蛋从何而来？"激发用户对海鸭蛋来源的疑惑和好奇心。

2. 中间通过"揭示市场上海鸭蛋的混乱现状"验证观点，通过细节描述激发用户的情感共鸣，增进用户信任感。

3. 结尾对以上内容进行汇总和升华"你吃的海鸭蛋从何而来？"。

4. 请确保示例语言流畅、逻辑清晰。

AI 的参考答案：

在遥远的北部湾海岸线，隐藏着一个美味的秘密。每当清晨的雾气散去，一群群海鸭就会在金色的沙滩上留下一串串脚印，而它们脚下的秘密，正是许多美食爱好者追寻的味道——海鸭蛋。你是否曾好奇，那些鲜美的海鸭蛋究竟从何而来？是不是每只海鸭都真的在海滩上留下了它们宝贵的"礼物"？市场上的海鸭蛋琳琅满目，但背后的故事却鲜为人知。许多消费者在购买时，总会心生疑惑：这些蛋真的是海鸭蛋吗？还是只是普通鸭蛋换了个包装？事实上，市场上的海鸭蛋品质参差不齐，有些甚至只是打着"海鸭蛋"的幌子，实则与普通鸭蛋无异。

真正的海鸭蛋，承载着大海的精华和阳光的味道。它们是由那些在海滩上自由奔跑、以小鱼小虾为食的海鸭所产。每当潮起潮落，这些海鸭便在海滩上留下宝贵的蛋，每一颗都蕴藏着海洋的馈赠。所以，当你再次品味那鲜美的海鸭蛋时，不妨想一想，它们是否真的来自那片令人向往的海滩？你吃的海鸭蛋从何而来，这不仅仅是一个问题，更是一次对美食的探寻和对真实的追求。

在精准提示词模板的要求下，AI 提供的这段文案解释了海鸭蛋的来源。通过画面感十足的描述激发起用户对海鸭蛋的好奇心，很好地为推广"不二酱海鸭蛋"做了铺垫。我们还可以继续向 AI 发出指令，让文字更高级。

【高级感文案提升模板】

　　你是一位文案优化专家，请对你想优化润色的文案进行优化，字数控制在 300 字左右，使其更具吸引力和说服力，同时保持信息的准确性和完整性，要求如下。

　　1. 请添加具体、生动的细节，增强共鸣感和说服力。

　　2. 全篇文案请提高用词精准度，以展现文案的高级感。

　　我们把关于海鸭蛋的开头代入模板，直接提问 AI，AI 给出的参考答案如下：

　　在金色沙滩与浩渺大海的交汇处，隐藏着一个美味的奥秘——海鸭蛋。当清晨的第一缕阳光洒满海面，自由翱翔的海鸭们开始在细腻的沙滩上留下轻盈的脚印，而这，正是美味海鸭蛋的起源。

　　你是否曾对超市货架上琳琅满目的海鸭蛋感到困惑？担心它们并非真正来自大海的馈赠？别担忧，真正的海鸭蛋承载着大海的滋养，孕育自以海洋生物为食的海鸭。每一颗都充满了自然的鲜美。

　　想象一下，敲开海鸭蛋的瞬间，金黄的蛋黄和晶莹的蛋白交相

辉映，一口咬下，满嘴都是来自大自然的醇香。这不仅是一次
味蕾的盛宴，更是对真实与品质的坚守。选择真正的海鸭蛋，
就是选择了一次美妙的味觉之旅。

通过这个示范，我们不难发现，在提示词模板的精确指引下，AI 所
撰写的软文开头的部分达到了预期目标。凭借上文两个提示词模板，我
们能够有条不紊地逐个构思并精雕细琢框架内的各个部分，最终巧妙地
将其融合成一篇通顺连贯的佳作。

当然，如果我们自己有创作灵感与思路，也可以先行构思出整体
框架和具体要求，直接要求 AI 撰写出初稿；我们对初稿进行细致划分，
通过提示词模板逐一对标题、段落进行润色，最后汇总，形成一篇完整
而精彩的文案。

本书的后记部分阐述了此类文案撰写的心得，供读者一阅。

尽管 AI 在长文案的撰写上稍显逊色，但通过不断的训练与实践，
我们依然能够摸索出一条学习、拆解、汇总、优化的有效路径，从而提
升 AI 在长文案创作方面的能力。

第 5 章

驾驭 AI：金牌文案手的

精进之路

尽管 AI 已成为文案创作者的强大助手，但文案创作者应
持续学习，深入钻研经典文案，以确保自己能够熟练驾
驭 AI，并借助其力量，最终成为文案创作领域的佼佼者，
创作出优秀作品。

5.1　见多识广：做生活的积极体验官

　　能够游刃有余地驾驭 AI 的文案创作者，大多是那些见多识广、阅历丰富的人。这种见多识广并非仅仅指涉猎广泛，更在于他们能够深入洞察生活的细微之处，从而以感同身受的笔触撰写出触动用户心灵的文案。

　　每一位文案巨匠的经典之作背后，都蕴藏着他们丰富的人生经历和广阔的见识。以广告大师大卫·奥格威为例，他做过的职业包括厨师、推销员、市场调查员、外交官和农夫等；被誉为"现代广告之父"的阿尔伯特·拉斯克曾是记者，后来还担任了美国共和党宣传部部长；而前奥美全球执行创意总监尼尔·弗伦奇的经历更为传奇，从收租人到业务代表，从保镖到服务员，从歌手到斗牛士，他的每一段经历都为他日后的广告创意提供了宝贵的灵感。

　　当然，这里并非指文案创作者经历的工作种类越多就越见多识广。如果只是浅尝辄止，频繁更换工作却未曾深入体验生活，那么这些经历便只是浪费时间，无法沉淀为真正的知识和智慧。这些文案巨匠之所以能够在不同的岗位上沉浸深入，成为生活的积极体验者，正是因为他们将每一段人生经历都视为宝贵的财富，为日后的广告创意奠定了坚实的基础。

　　当然，要丰富经历和见识，并不一定非要通过工作来实现。只要用心去感受和体验，日常生活同样可以成为我们汲取知识和获取灵感的源泉。克劳德·霍普金斯在自传《我的广告生涯，科学的广告》中深情地讲述了他是如何以贫穷而勤俭的母亲为榜样，培养起自己谨慎与节俭的品质的。他感激的并不是贫穷本身，而是在贫穷中磨炼出的对生活的敏感和洞察力——他能够深刻理解普通百姓的需求和痛点，并将这些元素巧妙地融入自己的文案创作中：

"由于母亲的影响，一角钱对我来说与一元钱一样重要……在她的教导和鼓励下，我很小就开始像她那样勤奋工作。我在 9 岁的时候便开始独立谋生了……我从贫困中收获了很多。贫困使我成为老百姓，而上帝造了这么多的老百姓。我天生就认识他们，了解他们的需求和愿望。"

年少时的贫困经历，让他在写文案时，不但能精准击中用户的痛点，还深谙用户的需求和喜好："我的用词浅显易懂，句子也很简短……但是成千上万住在陋室里的普通人会阅读它，购买它介绍的产品。"这正是因为他能够用心地感受生活的每一个细节，从而创作出能够引起用户共鸣的文案。

综上所述，优秀的文案创意源于对生活的深入洞察和用心体验。因此，作为文案创作者，我们应该更好地活在当下、感受当下、留心生活，这样在驾驭 AI 时才能更加精准地把握需求，针对性地提出提示词，创作出更加触动人心的文案。

为了让大家更好地理解"成为生活体验官"和用好 AI 的关系，给大家举个例子。某文案创作者恰好是咖啡爱好者，所以他在撰写某咖啡广告文案时，能精准地通过提示词向 AI 提要求，并且能对 AI 的反馈进行辨别、改进并提出进一步要求，从而获得个性化的文案。

提问 AI：

假设你是一名文案创意专家（给 AI 的定位），请根据我提供给你的这段"用户感受"创作 3 句 30 字以内的金句文案：作为一个咖啡爱好者，×× 咖啡最打动我的是其带来的情感体验。每当我在清晨或午后冲泡一杯咖啡，那种深邃的香气和层次丰富的口感总能让我瞬间放松下来，忘却生活的烦恼。喝咖啡对我来说不仅能提神醒脑，更是一种生活的仪式感和自我犒赏的方式。每一杯咖啡都代表着一段独享的时光，一个与自己对话的机会。

AI 的参考答案：

1. ×× 咖啡，深邃香气间，独享时光之味。
2. 每一杯 ×× 咖啡，都是对生活的深情告白和自我犒赏。
3. ×× 咖啡，每一口都代表着与自己对话的温柔时光。

显然，这三句出色的咖啡文案创意源自文案创作者对咖啡的深刻洞悉与真挚体验，使得文案如同咖啡具有别具一格的韵味，这也正是我们需热衷于成为积极的生活体验官的重要缘由。

5.2　广泛阅读：最具生产力的人，往往最懂得博览群书

"行万里路，读万卷书"，如果我们没法通过丰富的人生经历来增长见识，那么，多读书、广读书、深读书也是培养创意能力的好方法。

奥美就曾发布过这样一则广告："我害怕阅读的人。一跟他们谈话，

我就像一个透明的人，苍白的脑袋无法隐藏。……血液里充满答案，越来越少的问题能让他们恐惧。"

最具生产力的人，往往最懂得博览群书——营销达人小马宋就是典型代表。很多人知道小马宋，是因为他创造了很多营销奇迹；但很多人不知道的是，小马宋原本是个锅炉工，后来因为热爱广告事业，一路求学，一路逆袭，才走上文案创作之路。除了热爱，他逆袭的最有力武器就是"阅读"。通过大量阅读，大量拆解优秀文案，他一点点进步，才慢慢有了现在的成就。

小马宋分享过他的成功经验：

"我刚开始在广告公司工作时，虽然想法很多，但是真正有用的想法不多，广告创意方面的思路也很局限。于是，我用了一个'笨办法'——阅读大量广告，学习其他人的创意。

"那时，我和同事用了半个月的时间，把德国的一本世界级广告创意杂志 10 年来的作品，全部从网上下载下来，一共大约 20 000 个，又用了近 1 个月的时间，把它们分门别类地整理成了 10 个 PPT。这约 20 000 个广告作品，我反复看了 3 遍以上。

"看完后，我发现，其实市面上大部分广告的创意都来自这些经典广告，无非变变形式而已。于是，我收集了世界上最经典的文案，全部抄写了一遍。大部分经典文案我都能背诵或复述。在做完这些后，我写文案的时候，脑海中就有了各种不同的题材和思路。而在从事广告工作的 6 年间，我始终保持着每天阅读 10 个以上广告作品的习惯。"

或许，你会认为，小马宋只是阅读了很多经典的广告，并不算博览群书。事实上，术业有专攻，我们要通过阅读来提升自己，肯定会首先选择和自身专业或工作内容相关的图书，小马宋阅读了大量广告，正是对自己的一种有针对性的"充电"。

除此之外，通过阅读来激发创作灵感无疑是一种既直接又高效的方法。

秋叶大叔在看《说话的技术》时，发现其中一条技术是"用认可、共鸣、赞赏、感谢打组合拳，让交谈氛围更愉快"，他灵机一动为不二酱牛肉酱销售员设计了提示词模板。

直接提问 AI：

你是一名资深销售员，我们和客户对话有个原则，就是"用认可、共鸣、赞赏、感谢打组合拳，让交谈氛围更愉快"，请你借助这个原则帮我设计一个牛肉酱产品的对话范例，要包括"认可、共鸣、赞赏、感谢"四步。让对话有真实感。

AI 给的参考答案：

客户：哎，你这牛肉酱看起来不错，是自己做的吗？

销售员：哈哈，你真有眼光！是的，我们的牛肉酱都是手工制作的，选料讲究，味道绝对一流。你一尝就知道！

客户：嗯，我就喜欢这种手工做的，感觉更有家的味道。

销售员：对对对，我也这么觉得！现在很多人都追求这种传统手工的味道，你真是有品位。

客户：你这牛肉酱辣不辣啊？我不太能吃辣。

销售员：你放心，我们牛肉酱的辣度有多种选择，有微辣的，

> 特别适合你这种不太能吃辣的朋友。你可以先试试微辣的，保证让你回味无穷。
>
> 客户：听起来真不错，那我先买一瓶回去尝尝。
>
> 销售员：太感谢你了！相信你一定会喜欢我们的牛肉酱。如果有什么建议或者问题，随时欢迎你来找我们。祝你用餐愉快！

显然，越博览群书，就越能激发灵感，提高文案生产力。

如今，随着 AI 技术的飞速发展，我们拥有了更加强大的工具。AI 能够迅速搜集海量经典文案、归纳特点并模拟创新。但这也对文案创作者提出了更高的要求：只有我们具备甄别经典文案的能力，才能有效利用 AI 提供的素材。

因此，文案创作者必须广泛涉猎、博览群书，掌握多元领域的知识精髓。只有这样，在利用 AI 撰写文案时，我们才能融会贯通、触类旁通，创作出真正触动人心的佳作。同时，我们还应保持清晰的辩证思维，敏锐地捕捉 AI 提供的文案的不足，确保创意的精准传达。

5.3 深入调研：洞见源于对产品的深入了解

为了轻松驾驭 AI 并创作出优秀的产品文案，文案创作者必须深入调研，了解并熟悉产品的每一个细节。这种对产品的切身理解是构建文案的基石，能够确保信息传达的准确性。一个优秀的文案人，需要具备深入调研产品的能力。

关健明为某款啤酒撰写的文案就是一个鲜明的例子，他的文案"在全世界畅销了 500 多年，冰镇喝爽到想哭的啤酒，你想尝一口吗？"转化率极高，这并非偶然。在文案背后，是他对产品深入的理解和调研。

首先，他连续喝了 24 瓶啤酒，感受啤酒的香气、味道和口感。关健明在初步构思好文案后，又再次细细品尝啤酒，并且打电话给这款啤酒的酿酒师，再次梳理了它的口感特点，并描述了饮酒时的感官体验。

其次，在彻底了解这款啤酒口味上的特色后，关健明开始研究它的价格定位，不断思考"为什么消费者一定要买这款啤酒"。

带着这样的疑问，关健明频繁和品牌方沟通，意外发现，品牌方在这款啤酒上市前，特意进行了长达半年的配方测试。他在北京、上海、深圳开展了为期 6 个月的"拦路人，请喝酒"的盲测活动，盲测的结果非常喜人，这款啤酒打败了进口酒，稳定在前三名，这足以证明它的受欢迎程度。但品牌方在提交素材的时候，并没有意识到这个细节的重要性。关健明恰恰是通过这个被忽略的细节，按动了"畅销"开关，让用户更信任这款啤酒的。

更厉害的是，关键明并没有停止追问细节，他又发现，一位专业人士对这款啤酒评价颇高。这个人是德国一家五星级酒店的总经理，平时的工作就是筛选、采购全球各地的美酒，具有极强的品酒能力。关健明立刻请品牌方联系了他，并把他的评价作为用户反馈和权威证明，用在了自己的文案里，大大增强了用户的信任，从而促成了该款啤酒的畅销。

可见，文案要能吸引人，并不单纯靠文案创作者的创意和写作技巧，还需要文案创作者洞悉产品。有的时候，深度调研能力比写作技巧更重要。

在调研环节中，AI 也能提供帮助。例如，在为某 App 撰写推广文案时，文案创作者需要获取竞品 App 在用户注册过程中收到的差评反馈，他不确定去哪里能获得用户反馈。于是，他求助 AI。

代入模板，直接提问 AI：

> 注册 ××（竞品）App 过程中，哪一个步骤是最烦琐，且获取的差评最多的？请帮我收集真实的用户反馈，或者告知我可以在什么渠道收集到这些用户反馈？

AI 的参考答案：

> 当涉及身份证照片上传时，用户需要确保照片清晰、无遮挡，并且符合 ××（竞品）App 的规定。很多用户可能会因为照片不合格而多次尝试，增加了注册的难度和时间。
>
> 你希望找到真实的用户反馈和注册攻略，以下是一些资源和建议，供你参考：知乎、简书、豆瓣等社区论坛上有许多用户分享自己注册该 App 的经验和教训；在 B 站、抖音、快手等视频平台上，搜索"××App 注册教程"或"××App 注册直播分享"，可能会找到一些用户或专家分享的真实注册过程和经验。

借助 AI 强大的海量数据筛选能力，文案创作者得以迅速而精准地获取竞品 App 的用户差评，进而明确了切实可行的调研方向。这使得文案创作者在通过 AI 获取撰写文案所需的创意和素材时，不仅速度更快，而且更精准，为创作出高质量的文案奠定了坚实基础。

在 AI 技术日益进步的今天，虽然 AI 可以收集海量数据，但它无法替代人类对产品有真实感受和深刻理解。但是，文案创作者可以在 AI 的助力下，更高效精准地去调研以了解和熟悉产品，和 AI 合作创作出真正打动人心的文案。

5.4 习惯养成：让写作成为生活的一部分

尽管 AI 技术日益进步，但在文案创作中，我们绝不可疏于写作，避免陷入对 AI 的过度依赖与思维僵化。我们应该更勤于感受、写作与思考。毕竟，"写"永远是创作优质文案的不二法门。当写作融入生活，文案灵感将源源不断。文案创作者能不断精进文案创作技艺的原因在于以下 3 点。

（1）写得越多，对热点的敏感度越高。

很多文案新手即便知道通过哪些渠道可以了解热点，但看到热点，他们的头脑依旧会一片空白。其实，这就是缺乏刻意练习的表现。

要知道，好的方法＋刻意练习＝获得成功。可能一开始我们需要花 3 小时才能找到文案切入点，但当我们刻意训练 AI，根据热点创作文案后，我们就能逐步跟上节奏，捕捉热点，5 分钟内便锁定切入点，并借助 AI 进行验证、辨证与深化。

（2）写得越多，找的素材就越精准。

很多文案新手即便学习了文案创作技巧，依旧不会写文案，很大一部分原因在于"巧妇难为无米之炊"。他们即便知道要去什么网站寻找素材，也无法确定什么样的素材才是合适的。这导致他们找素材的速度越来越慢，写文案也越来越困难。

在素材搜索方法正确的基础上，大量写依旧是最好的刻意练习方式。写得越多，语感越好，我们也就越知道什么样的素材是我们想要的，是最能证明文案观点的。写文案如同做菜，当我们清晰知道自己要"做什么菜"，买食材自然简单又轻松。

同理，这种快速选择适合自己的素材能力在驾驭 AI 时尤为重要——为何同样的 AI 工具，在不同的人手中生成的文案质量不同？其原因便在于日积月累所铸就的"语感"。

（3）写得越多，文案模板越能内化于心。

学习文案的捷径之一，便是以优秀文案为模板，并逐步填充内容。当然，内行人往往能一眼辨识出哪些文案生硬拗口、出自新手；哪些自然通顺、彰显功底。之所以有此差别，是因为对模板的熟悉度不一。

写得越多，便越能将模板内化于心，越能敏锐捕捉热点，越能快速精准地筛选素材，越能让这些素材在文案中相得益彰。相信大家都听过"卖油翁"的故事：一位卖油老者，能将油从铜钱孔中稳稳倒入葫芦，而铜钱上不沾一滴油。此等绝技从何而来？老者答曰："惟手熟尔。"

文案之道亦是如此——当我们对模板的拆解与运用越发娴熟，便越能精准地提出提示词，从而借助 AI 创作出超乎预期的文案。在文案创作这条道路上，持续的感受、写作与思考是不可或缺的。

5.5 光荣的荆棘路：献给文案人的书单

想要轻松驾驭 AI，文案创作者须博览群书、勤练文笔。读书破万卷，胸中自然墨水充盈；文章千锤百炼，下笔方能如有神助。以下是我们精心挑选的书单，希望大家读完这些书后在 AI 的助力下、在金牌文案之路上走得越来越远。

5.5.1 语言类书单：文案也需要修修剪剪

文案的魅力，源自无限创意的迸发，但其稳固之基，却深植于对语言文字规范的掌握。只有当我们深入理解语言文字的规范时，我们的创意思维才能获得更为宽广的发挥空间，从而在运用 AI 时游刃有余，既能高效运营，又能精准判断 AI 所生成文案的优劣。

为助力大家夯实写作基础，掌握文案创作的底层逻辑，向大家推荐 5 本语言类佳作。

（1）《语言文字规范标准手册》（教育部语言文字信息管理司 组编）。

该书方便用户查阅相关语言文字规范，可作为语文教学、编辑出版、中文信息处理等领域的常用规范标准，对政府工作人员、新闻工作者、广告人来说具有很高的价值。

（2）《古代汉语常识》（王力 著）。

这本书通俗易懂，读者读后能对古代汉语有基本的了解。语言总在不断地发展，从古代汉语到现代汉语，语言的变化非常有趣且有规律，值得文案创作者了解。

（3）《风格练习》（雷蒙·格诺 著）。

这本书出版于 1947 年，字数仅 5 万字左右，但内容非常有趣，是法国作家雷蒙·格诺著名的作品之一。这本书用了 99 种不同的叙述方式，讲述了同一个故事，创意无限，能有力地帮助文案创作者开拓思维。

（4）《老舍谈写作》（老舍 著）。

在《老舍谈写作》里，老舍将写作的基本原则、写与读的关系、语言的运用、描写的技巧等内容，深入浅出地阐述出来，还介绍了大量生动有趣的案例。因此，这本书具备很强的指导性和可操作性。

（5）《汪曾祺的写作课》（汪曾祺 著）。

汪曾祺的文字被誉为"诗化的语言"。在这本书中，他精心挑选了35 篇关于阅读和写作的文章，不仅分享了丰富的写作技巧，更以具有诗意的文风引领读者感受文字之美。对于热爱文学、渴望提升写作水平的读者而言，此书无疑是宝藏。

5.5.2 故事类书单：文案高手往往也是讲故事的高手

单纯的"讲道理"往往令人反感，"讲故事"则是一种受欢迎的写作方式。文案高手也是讲故事的高手，能够巧妙地运用文字描绘出生动的场景，使读者仿佛置身于故事之中。

为大家推荐 4 本与故事思维有关的经典作品，这些作品将为你深入解析故事思维的奥妙，并助你成为讲故事的高手，甚至能将 AI 训练成故事创作的得力助手。

（1）《故事思维》（安妮特·西蒙斯 著）。

"这是一个讲好故事比写说明书更重要的时代，广告、营销、娱乐乃至更广泛的商业领域，要求人人都必须擅长讲故事。"而西蒙斯正是将故事思维应用在商业领域的代表人物。书中开创性地提出了商界沟通中常用的六大类故事思维，并详尽指导如何在不同情境下将这些故事讲得深入人心。掌握故事思维，你的文案将焕发出无穷的吸引力。

（2）《故事：材质、结构、风格和银幕剧作的原理》（罗伯特·麦基 著）。

这部被影视行业奉为圭臬的经典之作，原本旨在为编剧提供故事创作的核心原理，然而，由于其内容深入且实用，越来越多的小说作者、文案策划人纷纷从中汲取灵感。

评论家赞誉此书既可作为高级电影鉴赏指南，又可作为文学、艺术进阶的推荐读物，甚至有读者从中领悟到了深刻的人生哲学和生活智慧。

（3）《认同感：用故事包装事实的艺术》（吉姆·西诺雷利 著）。

讲故事不仅是一种策略，更是一种工具，能够有效地传递讲述者的主张，并在听众心中留下深刻印象。然而，将故事用于产品营销与真正的故事创作之间存在微妙差异。此书的重点在于阐明这种差异。

（4）《故事写作大师班》（约翰·特鲁比 著）。

约翰·特鲁比是好莱坞首屈一指的故事写作顾问，他将自己 30 年的故事创作与教学经验的精华全部写进了这本书。从故事、结构、角色，到剧情、场景、对白，作者将精准、实用的故事写作技法一一道来，教会创作者找对方法，写出引人入胜的好故事。

5.5.3　文案类书单：永远向优秀同行看齐

在任何领域，向行业翘楚学习都是实现自我提升的高效途径。这里推荐 5 本精选文案类书籍，助你在文案创作的道路上不断精进，进而高效驾驭 AI，迈向金牌文案的巅峰！

（1）《文案的基本修养》（东东枪 著）。

这本书深入剖析了文案工作者的基本素养，侧重于传授文案之"道"而非简单的技巧。其行文风格生动有趣，极适合文案新手或初入创意领域的读者阅读。东东枪不仅是拥有 12 年奥美资深文案背景的行家，还是《六里庄遗事》等作品的作者，其深厚的文字功底和丰富的创意经验在书中展现得淋漓尽致。

（2）《秒赞》（林桂枝 著）。

林桂枝被誉为"文案女王"，《秒赞》最大的特色就是提供了丰富的案例。这是一本可以随时翻阅、参考、学习的工具书，不管你要写朋友圈文案、视频脚本、海报文案、电商文案、品牌文案，还是其他类型的文案，都能在其中找到可借鉴的范本和灵感。作者笔力颇深，书中案例丰富，读者可以通过各类案例轻松理解文案知识，掌握文案写作技巧。

（3）《文案圣经：如何写出有销售力的文案》（克劳德·霍普金斯 著）。

几乎没有文案人不知道这本经典文案书。这是一本畅销了近百年的经典之作，也是美国 170 多所高校广告学专业学生的必读写作指南。虽然成书时间久远，但这本书的案例和广告金律在今天也仍然适用。作为广告创意大师，作者第一次创造性地将优惠券、测试营销、邮寄营销和免费试用等营销思维运用到广告里。尤其令人称道的是，作者用他广告生涯中 32 个经典案例，串联起他的成长经历，并真诚地分享了他的成功经验和失败教训，可读性非常强。

（4）《一个广告人的自白》（大卫·奥格威 著）。

作为奥美的创立者，大卫·奥格威的人生经历非常丰富，他做过厨师、推销员、市场调查员、外交官和农夫，之后才进入广告业。丰富的经历让他成长为洞察力极其敏锐的企业领导者，也让他的书具备极其明显的个人特色——字里行间全是坦率和热情。他除了告诉读者"怎么创作高水平的广告"外，还花了很多笔墨分享争取客户、维系客户的方法。

尽管书中案例相对较少，但其理论和观点仍具有很高的参考价值。

（5）《爆款文案》（关健明 著）。

关健明擅长撰写销售类文案，他的格言就是"好文案就是印钞机"，所以这本书聚焦于文案如何写才有助于卖出产品赚到钱。关健明把文案写作拆解成了 4 个有效步骤，并分享了 18 种文案写作技巧，这是一本极具指导意义的文案实操手册。

八大 AI 工具使用体验反馈

AI 工具	开发商	核心相同点	使用体验反馈
文心一言	百度	1. 技术基础：都基于深度学习技术，特别是自然语言处理，使用大规模语料库进行训练。 2. 功能定位：都提供了文本生成、理解和对话等功能。它们能够根据用户输入的内容，提供智能化的响应和解决方案。 3. 多领域应用：都在多个领域如内容创作、智能客服等有广泛应用。 4. 隐私和安全：都需遵守隐私政策和安全标准来处理用户数据。	生成的文本风格多变，文字灵动又富有创意，尤其在短文撰写方面展现出极高的效率和极强创造力。应用场景多达数百种，满足各职业和具体平台的文案需求
讯飞星火	科大讯飞		生成的文本风格稳健，用词严谨，尤其适合语音交互场景，语音识别准确率很高，其"指令优化"功能对不擅长"提问"的新手用户极为友好
度加创作工具	百度		优势是"热搜一键成稿，文稿一键成片"，输入文稿，后台即自动选图配音生成视频。更厉害的是，能为用户主动筛选热点，并一键生成文案和视频，直接发布平台，对自媒体运营者非常友好
通义千问	阿里云		在写诗、小说续写方面能激发灵感；在理科能力和多模态能力上有一定提升空间。相对而言，更适合用户通过"提问"来获取各类常识素材和灵感

续表

八大 AI 工具使用体验反馈			
AI 工具	开发商	核心相同点	使用体验反馈
Kimi	月之暗面	5. 优劣分析：都能以惊人速度分析海量数据、自动化处理烦琐重复类任务，提供源源不断的创意灵感，能大幅度助力文案创作者提高效率。但也都面临语义理解难题、算法局限和缺乏情感深度等挑战，难以完全替代人类写作。需要人类扬长避短，激发其潜能，审慎对待其生成结果	生成的文本具有灵活性和幽默感，能直接对网页内容进行解析，特别擅长中英文对话，还有强大的长文本处理能力，支持多轮总和最多 20 万字的输入和输出，能够在各种场景中提供专业支持
360 智脑	360 公司		生成的文本比较理性，但贴心地为用户准备了不同场景下的提示词；还提供多种 AI 数字人供用户选择，例如马斯克、林黛玉等，同时也支持用户自定义数字人，大大增加创造性和趣味性
豆包	字节跳动		最大特色是支持用户自定义 AI 体，并可以选择将其公开，让更多人帮助训练，这种开放性和互动性大大增强了用户"多角色"的感受与体验，利于激发文学创作灵感
谷灵 AI	元璟智能		付费使用，优势在于可以实现 10 分钟撰写 1 万字论文，写合同／协议的能力也不错

文案工作者可以根据个人的实际需求，精心挑选合适的单一工具，也可以结合使用多个工具，以提炼出优质的文案。当然，为了让这些 AI 工具更好地服务于我们，我们需要持续地进行训练和调整，将它们打磨成契合自己需求的得力助手，使文案创作过程更加得心应手。

后记

秋叶文案创作团队与AI：这本书的合作内幕

一本书的诞生，需要耗费大量的心血和足够长的时间。

但你相信吗？

《秒懂AI文案：轻松写出好文案》是由秋叶文案创作团队和AI合作撰写完成。

秋叶团队负责提炼提示词模板，引导AI提供文案结果。这场独特合作中，秋叶文案创作团队深厚的文案功底和丰富的实战经验，与AI的创造力完美交融，不仅大大提升了创作效率，更让文案逐步完善。

这本书的质量如何？

本书中AI生成的创意启迪就是答案。

本书的前言，更是文案高手与AI合作的绝佳代表。

本书的前言是秋叶团队运用书中技巧与AI共创的成果，不仅极具文案思维，还紧密结合热点，用词精准，充分展现了人类创作者与AI合作的创意与实效。

那么，秋叶文案创作团队与AI之间究竟是如何碰撞出创意火花的呢？

首先，我们提出撰写前言的想法和框架，直接提问 AI，用时 10 分钟。

接下来，我们使用 AI 生成了 1500 字前言的初稿，用时 5 秒。

是的，你没看错，速度着实惊人。虽然，初稿逻辑相对清晰，主题明确，紧贴大纲；但是，也有硬伤——文字生硬，全篇理论化，缺乏情感色彩，案例更是乏味。

显然，这就是 AI 的典型特点，需要我们扬长避短，继续优化。正如 4.6.3 小节中所阐述的，AI 在短文案撰写方面表现出色，但在处理超过 500 字的长文案时则稍显逊色。

于是，我们将前言拆解成段落、案例、句子，然后逐一融入人类创作者独有的情感和生动案例，再运用书中介绍的提示词模板，指导 AI 对前言进行扩写和优化。最终，汇总成一篇 2000 多字的前言。

和 AI 合作撰写前言，用时共计 4 小时。

有伙伴或许会好奇：4 小时？难道我们自己 4 小时不能完成前言的撰写吗？

对于拥有多年写作经验的文案高手而言，4 小时完成前言的确不是难事。

但真正的挑战并不在于完成，而在于如何将案例描述得生动形象，如何确保细节的严谨周密，如何选择既精准又高级的词汇。这些要素，要么需要多年的经验积累，要么需要大量的时间和精力去仔细打磨和完善。

然而，在我们学会驾驭 AI 以后，情况将发生翻天覆地的变化。AI 不仅能够帮助我们提升撰写速度，更能在案例的生动性、细节的严谨性、词汇的精准性上提供强大的助力。借助 AI，我们有可能更快更好地达到，甚至超越文案高手的水准。

所以，此次我们能够在短时间内完成本书稿，一半应归功于精心设计的提示词模板。这一设计为 AI 铺设了创作的康庄大道，使其无穷潜力得以展现。

回顾这场人类创作者与 AI 的协同作战，我们不禁感慨：AI 就像一把未经打磨的剑，需要悉心"调教"和实战历练，才能蜕变为无坚不摧的文案创作利刃。

在这个过程中（技巧已全部展现在本书中）：

（1）我们需要不断为 AI 输送高质量的文案思维、技巧和示例；

（2）要及时给 AI 反馈，告诉 AI 什么是"更好""更差""差不多"。

经过无数次的实战，秋叶团队文案高手与 AI 终于达成默契，共同完成本书初稿。

这不仅是宝剑出鞘、势如破竹的力证，更是人类文案创作高手与 AI 合作的杰作！

最后，愿此书能成为你的文案创作指南，助你所向披靡，书写出灿烂的未来篇章！